AF557013

Aeham Ahmad, Andreas Lukas

Taxi Damaskus

Aeham Ahmad
Andreas Lukas

TAXI DAMASKUS

Geschichten – Begegnungen – Hoffnungen

Mit Bildern der syrischen Künstlerin Tahani Munawar und des syrischen Künstlers Ibrahim Doudich sowie Fotos von Ahmed Al-Doumani. Wir danken für die Abdruckgenehmigung.

Geschichten erzählen
einen Moment.
Sie halten diesen fest.
Sie zeigen nicht immer,
wie etwas beginnt
oder begonnen hat.
Sie lassen häufig offen,
was dem Moment folgt.
Aber wir leben
mit der Sehnsucht
und der Hoffnung
auf andere, bessere Zeiten.

Inhalt

Steigen Sie ein in mein Taxi!

Mein Name ist Ahmed. Ich bin Taxifahrer in Damaskus. Schon seit vielen Jahren fahre ich mit meinem gelben, bescheidenen und etwas in die Jahre gekommenen Taxi durch diese quirlige Stadt, die mir ans Herz gewachsen ist. Auf meinen Fahrten erlebe ich zahlreiche, unterschiedliche, teilweise auch unglaubliche Geschichten.

Ich liebe meinen Beruf. Früher, in den Jahren vor dem Krieg war es meist ein Vergnügen, die vielen Menschen an ihre Ziele zu bringen. Unter ihnen hatte ich Leute aus aller Herren Länder, die unsere geschichtsträchtige und sehenswerte Stadt besuchten. Manche wollten gleich zu Beginn einer Fahrt alles Mögliche von mir wissen und durchbohrten mich mit ihren Fragen. Andere ließen mich an ihren Erlebnissen teilhaben.

Das Leben in der Stadt und in Syrien hat sich in den letzten Jahren total verändert. Der nun seit 2011 andauernde Krieg hat tiefe Spuren in den Seelen der Menschen hinterlassen. Aus früher fröhlichen und oft lustigen Geschichten sind traurige geworden. Dies bekomme ich fast jeden Tag auf einer Fahrt zu hören und zu sehen.

Ich möchte Sie deshalb in diesem Buch auf einige dieser Fahrten mitnehmen, bei denen Gäste ihre zum Teil schrecklichen Geschichten erzählen.

Ich kann einiges darüber berichten. Steigen Sie also ein in meinen Wagen und nehmen Sie Platz! Ich freue mich, Sie auf einige Fahrten durch mein geliebtes Damaskus mitnehmen zu können. Das ist mein täglicher Arbeitsalltag. Ich verdiene für mich und meine Familie mit den Taxifahrten unseren Lebensunterhalt, auch wenn dies in letzter Zeit schwieriger geworden ist.

Dabei muss ich Ihnen gleich zu Beginn mitteilen, dass die Geschichten die Realität aus dem Alltag der Menschen in Damaskus und in unserem Land Syrien schildern. Auf meinen Touren ist das Taxi für manche der Ort, an dem sie zum ersten Mal darüber reden, was sie erlebt haben. Mir ist bewusst, dass diese Fahrgäste dankbar dafür sind, wenn sie sich bei mir einmal aussprechen können.

Betrachten Sie mich also einfach als ihren Begleiter durch die syrische Hauptstadt, der Sie an den Erzählungen der Menschen teilhaben lässt. Seien Sie mein mitfahrender Gast und erleben Sie ausgewählte Begegnungen und Erlebnisse. Diese sind im wahren, alltäglichen Leben in dieser so geschundenen Stadt, in der Metropole dieses zerrissenen Landes sowie in den Regionen und Städten außerhalb des Großraumes Damaskus geschehen und geschehen weiterhin.

Die Erzählungen der Gäste sind nicht immer leicht zu ertragen. Das ist mir durchaus bewusst. Aber ich möchte Ihnen einen genaueren Eindruck von den Gegebenheiten vermitteln, mit und unter denen die Bewohner in unserem Land Tag für Tag leben müssen. Oft ist es nicht einfach, das Überleben einigermaßen zu meistern. Für viele ist allein die Versorgung mit den notwendigen Lebensmitteln oder mit sauberem Trinkwasser eine große und alltägliche Herausforderung. Ich höre es immer wieder.

Manchmal verzweifele ich regelrecht daran, dass ich nur wenig helfen kann. Deshalb sollen die Begegnungen mit den Menschen in diesem Buch weitererzählt werden. Ich will ihnen damit eine Stimme geben, damit sie nicht in Vergessenheit geraten.

Ich freue mich auf Ihre Begleitung.
Steigen Sie ein, die Fahrt kann beginnen!
Herzlich willkommen!
Ahlaan wa sahlaan!

Ich, der Taxifahrer in Damaskus

Ich bin in einem Vorort von Damaskus geboren. Schon früh kam ich mit dem Auto in Berührung. Mein Vater war Mechaniker und er betrieb eine kleine Werkstatt. Hier und da handelte er auch mit Autos, meist hergerichteten und reparierten Gebrauchtwagen. Das Geschäft lief gut und ich schaute als kleines Kind meinem Vater in der Werkstatt bei der Arbeit zu. Kaum konnte ich laufen, saß ich stolz hinter dem Lenkrad in einem Wagen und brummte unter den zufriedenen Blicken meines Vaters das Fahrgeräusch mit wachsender Begeisterung vor mich hin.

In der Familie waren wir vier Jungen und ein Mädchen. Während der Schulzeit werkelten wir Brüder als Jugendliche bereits an den Autos herum. So ergab es sich, dass ich mit meinem älteren Bruder ins Taxigewerbe einstieg. Wir wollten das Geschäft unseres Vaters damit ergänzen.

Ich startete also mit einem Gebrauchtwagen, den mein Vater mit Geschick wieder fahrtüchtig gemacht hatte. So sparte ich das Kapital für die Anschaffung. Es war damals und ist auch heute nicht so einfach, ein Taxigeschäft zu beginnen. Man muss einmal das nötige Kapital zum Kauf eines robusten Wagens haben. Dann braucht man genügend Kunden, um den Unterhalt mit den oft teuren Reparaturen und allem, was dazu gehört, stemmen zu können. Und nicht zuletzt will man davon leben.

Ich hatte insgesamt also eine gute Ausgangsposition. Denn solange mein Vater die Werkstatt betrieb, waren die notwendigen Reparaturen gesichert. Auch unsere allerersten Fahrgäste waren die meist langjährigen Kunden meines Vaters. Nachdem sie ihr Fahrzeug zu einer Reparatur in die Werkstatt gebracht hatten, wollten sie entweder wieder zurück nach Hause oder für Besorgungen in die Stadt gebracht werden. Viele von ihnen sollte ich dann auch wieder abholen, wenn ihr Auto am gleichen Tag oder auch einige Tage später fertig war. Das Geschäft lief von Anfang an recht gut und der Kundenkreis wurde schnell größer.

Sie sollten allerdings auch wissen, dass in unserem Land jeder Einzelne von uns Taxifahrern selbstständig ist. Er arbeitet in eigener Verantwortung und ist auf sich allein gestellt.

Viele Stunden sind wir von morgens in der Frühe bis spät in die Nacht auf der Suche nach Kunden unterwegs. Ohne echten Urlaub oder längere Freizeit fahren wir meistens an gut 360 Tagen durch die Straßen der immer noch turbulenten Stadt und verdienen unseren Lebensunterhalt.

Vor dem Krieg wohnten in der Hauptstadt Damaskus etwa 1,9 Millionen Menschen, im Großraum um die Stadt waren es mehr als 2,8 Millionen. In Syrien insgesamt lebten knapp 21 Millionen.

Mit den unzähligen Fahrten, die ich in den vielen Jahren gemacht habe, kenne ich nahezu jeden Winkel und jede kleine Gasse dieser ehemals so herrlichen Metropole. Die Zerstörung vieler Vororte und einiger Straßen in der Stadt verstört mein Herz immer mehr. Sie hinterlässt eine tiefe Traurigkeit und Verzweiflung in mir.

Ich fahre dann oft mit Wehmut durch mein Damaskus. Und dann erzählen mir die Menschen während einer Fahr ihre erlebten Geschichten.

Haben meine Fahrgäste in den Jahren vor dem Krieg meistens über schöne Begebenheiten berichtet, sind diese in letzter Zeit seltener geworden. Der seit dem Jahr 2011 andauernde Krieg in unserem Land hat in fast allen Familien tiefe Wunden hinterlassen.

Manchmal fühle ich mich nach solchen Fahrten ganz benommen im Kopf. Ich fahre dann wie betäubt durch die Straßen, die ich ja zum Glück sehr gut kenne. Es sind mir so viele Menschen mit ihren Erfahrungen, Schicksalen, Verlusten und schwierigen Lebensverhältnissen begegnet, von denen ich einige in diesem Buch mit Ihnen teilen möchte.

Sind meine Kunden auf einer Fahrt mit mir zufrieden, fragen sie in der Regel nach meiner Telefonnummer. Mit manchen gibt es dann ein Wiedersehen, wenn sie mich für eine weitere Fahrt beauftragen wollen und anrufen. Einige empfehlen mich auch weiter. Ich freue mich immer wieder sehr darüber.

Mein Schulfreund, der Arzt Samir

Wir sind im Jahr 2015 und der Krieg in Syrien dauert nun mehr als vier Jahre. Viele der Vororte von Damaskus und ganze Straßenzüge sind zerstört. Schon eine sehr lange Zeit müssen wir unter diesen grausamen und schwierigen Zuständen leben.

Auf meiner heutigen Tour kommt ein Mann auf mein Taxi zu, der mir deswegen auffällt, weil der rechte Ärmel seiner Jacke mit seinen Schrittbewegungen baumelt. Ich wundere mich, denke mir aber nichts weiter dabei.

Er sieht ziemlich mitgenommen und erschöpft aus. Gewiss hat er einiges durchgemacht. Sein Gang und sein äußeres Erscheinungsbild lassen dies vermuten. Er winkt mir mit der linken Hand.

Als er zum Wagen kommt, sehe ich sein Gesicht genauer und erkenne meinen früheren Schulfreund Samir. Ich bitte ihn, vorne einzusteigen. Wir waren in unserer Jugendzeit sehr gute Freunde und hatten viel gemeinsam unternommen. Er war immer ein guter Schüler. Ich jedoch hatte oft viele andere Dinge im Kopf. Ich ließ mich von allem möglichen ablenken und hatte wenig Lust und Ausdauer zum Lernen. Ich erinnere mich jetzt an seine vielen, oft nervigen Ermahnungen und Hinweise, dass aus mir nichts werden kann, wenn ich nicht mehr lernen würde.

Ich schaffte, wie er prophezeit hatte, das Abitur natürlich nicht. Es störte mich damals auch nicht im Geringsten. Samir dagegen besuchte nach dem erfolgreichen Schulabschluss die Universität und studierte Medizin.

Ich begrüße ihn überschwänglich nach so langer Zeit, in der wir uns gänzlich aus den Augen verloren hatten und nicht wussten, welchen Weg der andere eingeschlagen hat. Er reagiert zurückhaltend. Und obwohl er einen bedrückten Eindruck macht, frage ich ihn neugierig: „Wie geht es dir? Was ist aus dir geworden?“

An seiner Reaktion merke ich sofort, dass meine Frage ihm unangenehm ist oder ihn auch verletzt. Habe ich etwas Falsches gesagt? Er muss schlucken und tief Luft holen, bevor er antwortet.

„Das Schicksal hat es nicht gut mit mir gemeint“, beginnt er sehr nachdenklich.

„Ich habe mich bei meinem Medizinstudium ordentlich ins Zeug gelegt, weil ich unbedingt Arzt werden wollte, um anderen Menschen helfen zu können.

Ich schaffte einen guten Abschluss. In einem Krankenhaus im Süden von Damaskus konnte ich dann als Chirurg arbeiten. Ich war gerne dort tätig und die Arbeit machte mir viel Spaß.“

Mein Freund Samir hält inne. Ich bemerke, wie schwer es ihm fällt, weiterzuerzählen. Was ist nur mit ihm passiert?

Ich Trottel, fällt mir plötzlich ein, als ich den rechten Ärmel seiner Jacke wahrnehme.

„Du weißt“, fährt er mit trauriger Stimme fort, „dass die südlichen Viertel von Damaskus hart umkämpft waren zwischen Rebellen und Truppen des Regimes. Und die Bombenangriffe blieben nicht aus. Eines Tages hatte eine Splitterbombe dort große Schäden angerichtet. Es wurden viele Menschen zu uns ins Krankenhaus gebracht mit Verletzungen am ganzen Körper. Manche hatten entsetzliche Verbrennungen.“

Samir denkt nach.

„Wir waren völlig überfordert, versuchten aber, so viele Verletzte wie möglich zu behandeln, wenigstens notdürftig. Überall war Blut zu sehen und ein jämmerliches Winseln zu hören. Ein nur schwer zu ertragender Anblick.“

Samir macht eine längere Pause und schaut seitlich aus dem Fenster. Ich kann seinen Gesichtsausdruck nicht sehen. Betroffen sitze ich hinter meinem Lenkrad und versuche mich auf die Straße zu konzentrieren.

Und dann erzählt er: „Wir hatten uns kaum eine Pause gegönnt und ich war von den fürchterlichen Tagen total übermüdet. Wir arbeiteten bis an unsere Grenzen. Wir versuchten gerade, einen schwer verletzten Mann zu retten und tiefsitzende Metallsplitter zu entfernen. Und dann passierte es."

Er hält inne und schaut nach draußen.

„Unser Krankenhaus wurde brutal von einer Bombe getroffen. Die ganze Zeit verrichteten wir unsere Arbeit immer in der Annahme, dass nach der Genfer Konvention auch in Syrien Schulen, Kindergärten, Gotteshäuser und Krankenhäuser nicht bombardiert werden dürfen. Doch wer schert sich schon in diesem Land darum?"

Mein früherer Freund Samir hält mit einem tiefen Seufzer ein weiteres Mal inne. Ich merke deutlich, wie schwer es ihm fällt, mir dies alles zu erzählen. Man spürt es bei jedem einzelnen Wort.

„Unser Krankenhaus wurde so schwer getroffen, dass ganze Teile einstürzten. Viele Patienten, Angehörige und Mitarbeiter wurden unter den Trümmern begraben. Auch unsere Chirurgie-Abteilung hielt der Wucht der Detonation nicht stand. Die Mauer neben mir brach zusammen und riss mich mit dem Patienten, der auf dem Behandlungstisch lag, um. Ich wurde bewusstlos. Es dauerte eine ganze Zeit, bis ich wieder zu mir kam und merkte, dass mein rechter Arm unter einem Mauerteil eingeklemmt war. Ich konnte nichts mehr spüren und war total benommen. Alles schwirrte undeutlich vor meinen Augen. Ich begriff nicht, wie mir geschah. Ich konnte keinen klaren Gedanken fassen."

Ich höre ihm angespannt und verlegen zu. Langsam fahre ich weiter.

„Alle standen schweigend um mich herum, hoben die Mauerreste an und versuchten, mich zu befreien. Ich war sonst nicht verletzt. Als die Kollegen mich endlich auf eine noch brauchbare Liege gebracht hatten, eröffneten sie mir, dass der zerquetschte Arm schnell amputiert werden müsse. Sonst hätte ich keine Chance. Mir war es in dem Moment gleichgültig. Ich konnte ohnehin nicht klar denken und nicht ahnen, was das für mich bedeuten würde. Ich stimmte also zu und ließ sie gewähren."

„Mein ganzes Leben habe ich darauf hingearbeitet, anderen Menschen als Arzt zu helfen. Es war mein Leben, meine Aufgabe. Warum passiert mir das?“ klagt Samir hoffnungslos.

„Du kannst dir nicht vorstellen, wie mein Alltag sich danach gestaltete und mein Leben sich jetzt mit nur einem Arm anfühlt. Ich bin doch mit der linken Hand unfähig zu allem. Ankleiden, waschen, Zähne putzen, essen, schreiben, einfach alles musste ich neu erlernen. Aber das Schlimmste für mich ist, dass ich meinen Beruf an den Nagel hängen musste. Ein Chirurg mit nur einem Arm, ein Unding. Alles, was mein Leben bis zu diesem Zeitpunkt ausmachte, habe ich unter dem sinnlosen Trümmerhaufen verloren. Dieser verdammte Krieg mit all seinen Zerstörungen. Ich bin nicht mehr der Mensch, der ich einmal war. Alles habe ich verloren“, flüstert Samir.

„Und bei der Arbeit haben sie mir jetzt ein Gnadenbrot gegeben. Ich darf Medikamente verordnen. Ich verdiene damit nicht mehr als ein Pfleger. Was ist das für ein Dasein für einen ausgebildeten Chirurgen? Wie soll ich mit dieser Situation weiterleben können?“, fragt er sich selbst wütend. Mit einem tiefen Seufzer verschafft er sich etwas Luft.

Was soll ich darauf antworten?

Was soll ich dazu sagen?

Wie soll ich reagieren?

Was soll oder kann ich ihm raten?

Eines von so vielen unsäglichen Schicksalen auf den Fahrten in meinem Taxi. Und dabei brauchten wir gerade jetzt so dringend gute Ärzte und Chirurgen. Es gibt viele Krankenhäuser, die eine normale Versorgung nicht aufrechterhalten können.

Wir fahren eine ganze Weile schweigend weiter, bis wir Samirs Ziel erreichen. Er will schnell aussteigen und verabschiedet sich nur kurz. Ich merke, wie unwohl er sich fühlt und wie verzweifelt sein jetziges Leben ist.

Ich wünsche ihm alles Gute. Durchs offene Fenster rufe ich ihm nach, dass wir uns doch einmal treffen sollten. Er könne mich jederzeit anrufen. Dummerweise kam ich nicht dazu, ihn zu fragen, wo er wohnt. Aber ich hoffe, ihn irgendwann nochmal in der Stadt wiederzusehen.

Fluss Barada, der Damaskus von Westen nach Osten durchquert. (Ibrahim Doudieh, 2018)

Erinnerungen an andere Zeiten

Einigen schönen Träumen aus einem anderen Leben nachhängend chauffiere ich durch die Straßen von Damaskus. Der Verkehr in der Stadt ist relativ ruhig. Das verstärkt noch meine Sehnsucht nach früheren, anderen Zeiten, in denen wir ohne Probleme durch unser Land fahren und Ausflüge machen konnten. Wir nutzten dies öfter auch am Wochenende oder bei anderen Gelegenheiten und fuhren ans Meer.

Wir haben in unserem Land Syrien mehr als 200 Kilometer Mittelmeerküste, was bei den vielen Meldungen über das Kriegsgeschehen häufig in Vergessenheit gerät.

An einem Wochenende im Frühjahr brachen einer meiner Brüder und ich am Morgen mit unseren Familien auf. Wir hatten am Abend vorher alles vorbereitet und unsere Autos vollgepackt. Die Frauen hatten schon am Nachmittag begonnen, verschiedene

Gerichte für die Meute vorzubereiten. Wir freuten uns alle auf unseren Ausflug und starteten guter Dinge am frühen Morgen.

Die Fahrt von Damaskus bis zur Küste in die Nähe von Tartus verging wie im Flug, obwohl die Kinder - es waren noch zwei Cousins mitgekommen - ganz ungeduldig waren. Wir schafften die Strecke von ungefähr 250 km in weniger als drei Stunden.

Als wir an dem langgezogenen Strand ankamen - es war noch Vormittag - stand die Sonne für diese Zeit schon ziemlich hoch. Der Sand brannte bereits unter den Füßen.

Die Kinder in froher Erwartung ließen sich davon nicht beeindrucken. Sie stürmten direkt zum Wasser.

Im Hochsommer wird es in der Regel jedoch so heiß, dass die meisten selbst an freien Tagen die Stunden lieber im geschützten Haus und dessen Kühle verbringen. Im Frühjahr dagegen ist es ganz angenehm am Meer.

Gut gelaunt packten wir alle mitgebrachten Sachen aus dem Kofferraum und suchten uns einen Platz nahe am Wasser. Hier kühlt in der Regel eine sanfte Brise die warme Luft etwas ab.

Zum Schutz vor der Sonne spannten wir ein großes weißes Leinentuch auf die mitgenommenen Metallstäbe, die wir in den Sand rammten. Vor allem bei den Kindern mussten wir darauf achten, dass sie nicht zu lange unter freiem Himmel in der glühenden Sonne blieben.

Mein Bruder hatte uns einige Wochen zuvor erzählt, dass er beim nächsten Mal, wenn wir wieder ans Meer fahren würden, den Kindern das Schwimmen beibringen wolle. Wir beide können es bis heute nicht richtig.

In der Regel können in unserem Land nur wenige Leute schwimmen. Es gibt auch nicht so viele Möglichkeiten, es zu erlernen. Aber mein Bruder erklärte uns ausführlich, dass es nicht schaden könne und wer weiß, wozu es einmal gut sei. Wir hätten uns nie vorstellen können, dass Jahre später Tausende in unsichere Schlauchboote steigen müssten und die Fähigkeit schwimmen zu können Leben retten würde. So extrem haben sich die Zeiten für uns verändert.

Wir genossen den wunderbaren und sonnigen Tag am Meer in vollen Zugen. Es wehte ein leichter, kühlender Wind vom Wasser her.

Die Kinder waren begeistert und lauschten aufmerksam den peniblen Anweisungen ihres selbsternannten Schwimmlehrers, der selbst nicht schwimmen konnte. Sie waren voll bei der Sache und übten fleißig. Immer wieder hörten wir ein kräftiges Pusten, wenn eines der Kinder einen zu großen Schluck des salzigen Wassers ausspucken musste.

Nach ungefähr zwei Stunden meldete sich bei allen der Hunger. Die Bande rief laut aus dem Wasser, wann es denn etwas zu essen gebe. Wir hatten das so erwartet und alles aus den Kühlboxen hergerichtet.

Die Kinder fielen über die Speisen her, als hätten sie schon lange nichts mehr bekommen. Wir alle waren in bester Stimmung. Es war ein wunderbarer Tag am Mittelmeerstrand.

Nachdem sich die Kinder ihre Bäuche vollgeschlagen hatten, wollten sie sich direkt wieder ins Wasser stürzen. Wir verordneten ihnen jedoch eine Pause, die sie nur mit Murren akzeptierten. Es war um die Mittagszeit und sie sollten sich nicht zu sehr der gleißenden Sonne und Hitze aussetzen.

Wir sind in diesen friedlichen Jahren vor dem Krieg - man konnte sich unbesorgt bewegen und auch zu anderen Zielen fahren - noch einige Male von Damaskus bis an die Mittelmeerküste gefahren. Heute überlegt sich jeder, ob eine solche Tour nicht zu gefährlich ist.

Die Kinder waren jedes Mal hocherfreut. Am Ende konnten alle recht gut schwimmen und schafften eine immer größere Strecke im Wasser.

Mein Bruder war als nichtschwimmender Lehrer zufrieden. Ich weiß bis heute nicht, warum er die Schwimmplakette selbst nicht schaffte. Viel später wurde ihm drastisch vor Augen geführt, dass sein damaliges Vorhaben und seine Unnachgiebigkeit Leben retten konnte.

Ein Checkpoint, einige hundert Meter entfernt, reißt mich abrupt aus meinen Gedanken an bessere Zeiten und ein sorgenloseres Leben. Dieser Kontrollpunkt war doch das letzte Mal noch nicht hier, überlege ich krampfhaft. Aber wir müssen ständig auf der Hut sein und damit rechnen und in dieser Zeit immer wieder Schikanen über uns ergehen lassen.

Es gibt willkürlich immer neue Sperren, Barrieren oder Kontrollen von irgendwelchen Gruppen, je nachdem wer gerade das Kommando in einem Stadtteil oder einem Gebiet übernommen hat. Und immer öfter tauchen sie wie aus dem Nichts auf. Ständig wechseln die Truppen und die Kontrollpunkte.

Oft genug wollen diese Banditen nur Geld von denen abkassieren, die die betreffende Straße zu einem Ziel fahren müssen. Für uns Taxifahrer ist das ein unberechenbares Risiko, da wir ja viele Straßen passieren müssen. Und die Kunden schert es in der Regel wenig, wenn wir zusätzlich zahlen müssen. Es schmälert einfach unseren Verdienst.

Ich reduziere meine Geschwindigkeit, bis der Wagen langsam auf den Kontrollpunkt zu rollt, und kurbele das Fenster ganz herunter.

Was waren das für unbeschwerte Zeiten, sinniere ich den schönen und entspannten Tagen am Meer hinterher, als wir uns wie in einem anderen Leben und einem anderen Land unbekümmert bewegen konnten. Mein Taxi kommt zum Stehen und mit wehmütigem Blick kurbele ich meine Fahrerscheibe ganz herunter.

Mein Damaskus, wo bist du hin?

Wie hat sich mein geliebtes Damaskus verändert? Wenn ich wie gewöhnlich durch meine Stadt Damaskus fahre, in der ich so gut wie jede Straße und jedes Gebäude, ja fast jeden Stein kenne, bin ich in letzter Zeit immer häufiger schockiert und zutiefst gerührt über das, was mir bei meinen Fahrten begegnet.

Wie wenig hat diese Stadt nach den Jahren des zerstörerischen Krieges noch mit derjenigen gemeinsam, die ich die längste Zeit meines Lebens erleben durfte und die ich liebte.

Sicherlich gibt es ganze Bezirke und Viertel in der Stadt, in denen das Leben seinen gewohnten und normalen Gang geht. Besonders im Zentrum scheint der Krieg weit weg zu sein.

Über allem aber schweben die eingeprägten Bilder von den Zerstörungen. Nur wenige hundert Meter von unzerstörten Stadtteilen entfernt sind ganze

Straßenzüge und Quartiere oft bis zur Unkenntlichkeit vernichtet worden.

Mir blutet jedes Mal das Herz, wenn ich ein solches Viertel auf einer Fahrt durchqueren muss. Und meist weiß man nicht, ob man mit unversehrtem Wagen dort durchkommt.

In vielen Fällen führt kein Weg an den zerbombten Straßen vorbei. Ich muss sie nehmen, da es meist keine andere Möglichkeit gibt, einen Kunden zu einem Ziel zu bringen.

Nur notdürftig ist an vielen Stellen eine schmale Fahrspur von den Trümmern geräumt worden. Und dann ist immer noch besondere Vorsicht angesagt, denn es besteht die Gefahr, dass die Reifen meines Wagens beschädigt werden und ich das gerade verdiente Geld gleich wieder für Reparaturen und Neuanschaffung ausgeben muss. Während das Geschäft in letzter Zeit insgesamt schlechter läuft, ist gleichzeitig alles noch teurer geworden

Einige der Straßenzüge sind überhaupt nicht wiederzuerkennen. Ich fühle mich dann wie ein Fremder in meiner eigenen Stadt. In einer früher sehr belebten Geschäftsstraße ist durch die Bomben so gut wie kein Gebäude unversehrt geblieben.

Einer meiner Brüder hatte in dieser Geschäftsstraße einen florierenden Lebensmittel- und Gemüsemarkt. Nichts davon ist übriggeblieben, als bei einem völlig unerwarteten Angriff eine der abgeworfenen Bomben direkt in der Straße vor seinem Laden einschlug. Ob absichtlich oder gezielt an dieser Stelle spielt dabei keine Rolle.

Eine Kolonne aus mehreren Flugzeugen hatte dieses Viertel ohne jegliche Vorwarnung ins Visier genommen. Man vermutete dort Rebellen und entsandte gleich diese Bomber.

Das Wohnhaus, das mein Bruder mit seiner Familie bewohnte, befand sich weiter hinten ein ganzes Stück von der Straße entfernt. Es war durch ein größeres Freigelände von den Geschäftsräumen im vorderen Gebäude getrennt.

Zu dem Zeitpunkt des unerwarteten Angriffs an einem Nachmittag war mein Bruder alleine im Geschäft. Der Rest der Familie war an diesem Tag unterwegs in anderen Stadtteilen, um verschiedene Dinge zu erledigen.

Schnell hatte sich die Nachricht von dem schrecklichen Bombardement nicht nur im direkten Umkreis verbreitet. Sie erreichte so auch die Frau und die zwei Kinder meines Bruders. Erst gegen Abend trauten sie sich wieder zurückzukommen. Das, was die Armen zu sehen bekamen, machte sie tagelang sprachlos.

Ich hörte am anderen Morgen, was in der bei den Bewohnern des Viertels beliebten Geschäftsstraße passiert war, und machte mich mit einem äußerst mulmigen Gefühl sofort auf den Weg.

Als ich nach endlos empfundenen Minuten mit meinem Taxi in die zerstörte Straße einbiegen wollte, traf mich der Anblick bis tief ins Mark. Ich konnte nicht richtig hinschauen. Meinen Wagen musste ich direkt am Anfang der Straße abstellen.

Ein Weiterfahren war wegen der überall herumliegenden Trümmerteile nicht möglich. Die ungefähr 500 Meter bis zum Haus meines Bruders legte ich schweren Herzens zu Fuß zurück.

Ich musste über in Rauch gehüllte Trümmerhaufen, qualmende Berge aus Mauerresten und Steinbrocken, glimmende Dachbalken, verbogene Stahlträger, zertrümmerte Möbel und herumliegende Einrichtungsgegenstände steigen.

Überall liefen Menschen verstört durch die dampfende und grauenhaft stinkende Trümmerlandschaft. Sie suchten krampfhaft nach ihrem Zuhause oder was davon übriggeblieben war. Sie suchten nach ihren Verwandten und nach Verwertbarem.

Am liebsten wäre ich keinen Schritt weitergegangen und davongelaufen. Der Geruch biss mir in der Nase. Meine Augen brannten. Als ich endlich an der Stelle ankam, wo sich einmal ein schöner Lebensmittelladen befand, erstarrte mein Blick. Ich konnte es nicht fassen, was ich zu sehen bekam.

Das vordere Haus an der Straße mit dem Geschäft war durch die Bomben komplett in sich zusammengebrochen. Überall verteilt lagen Mauerteile, zerborstene Steine, zerrissene, angebrannte und verkohlte Verpackungen, zerquetschte Konservendosen,

Reste von Obst und Gemüse, zerfetzte Kisten und Überbleibsel der Ladeneinrichtung.

Über allem hing ein beißender Gestank in der Luft. Wie ein Wunder hatte der hintere Teil des Geländes nur sehr wenig abbekommen. Den großzügigen Hof dazwischen nutzte mein Bruder bei größeren Lieferungen gerne als Zwischenlager.

Ich wagte es nicht weiterzugehen.

In meinem Kopf rotierte alles.

Ich bebte am ganzen Körper.

Dann nahm ich wahr, dass sich im Hinterhaus, dem Wohnhaus der Familie etwas bewegte. Vage Hoffnung keimte in mir auf. Ich kletterte seitlich über die Trümmerreste des einmal hier existierenden Lebensmittelgeschäfts und konnte es immer noch nicht glauben, was sich mir darbot.

Voller Beklemmung ging ich langsam auf das unversehrt erscheinende Hinterhaus zu.

Mit weichen Knien blieb ich minutenlang regungslos vorm Haus stehen. Ich fürchtete mich unheimlich vor dem, was mich drinnen erwarten könnte.

Schließlich bemerkte mich von innen meine Nichte, die ängstlich durch das Küchenfenster nach draußen schaute. Kurz danach öffnete sie mir die Tür.

Die Blicke, die mich trafen, werde ich nie mehr in meinem Leben vergessen.

Leblose, fahle und versteinerte Gesichter starrten mich mit leeren, hilflosen Augen an.

Meine Schwägerin und die beiden Kinder brachten keinen Ton über die Lippen. Das ging noch über einige Wochen so weiter.

Kein Schluchzen. Kein Jammern. Kein Weinen. Kein Wehklagen. Keine Regung. Es war unerträglich.

Ihr Leben erschien wie angehalten, der Existenz beraubt. Lahmgelegt und rausgerissen aus dem Gewohnten.

Sie standen mir wie ferngesteuerte Figuren gegenüber, denen man die Energiezufuhr gekappt und jegliche Kraft genommen hatte. Die Existenzgrundlage der ganzen Familie war von einem auf den anderen Tag zerstört. Wir schauten uns verzweifelt an und schwiegen.

Mein Bruder hatte bei dem fürchterlichen Bombenangriff keine Chance. Es traf ihn in seinem von ihm so geliebten und gut gehenden Laden, in dem er gerne und mit Stolz arbeitete. Völlig unvorbereitet wurde er wie so viele andere in der weitgehend zerstörten Straße aus dem Leben gerissen.

Es war fast nicht vorstellbar, dass hier einmal eine quirlige Geschäftsstraße existierte und ein reges Treiben herrschte.

Zu dem Zeitpunkt wussten wir auch nicht, ob sich während des Angriffs weitere Kunden in seinem Geschäft aufgehalten hatten.

Wenn ich also heute nach all diesen Jahren, in denen der Krieg in unserem Land wütet, durch mein Damaskus fahre, begegnen mir so viele unerträgliche

Dinge und unsägliche Katastrophen, so viel persönliches Leid, so viel Elend.

Viele Menschen sind davon gekennzeichnet und quälen sich durch die Tage.

Und ich kann kaum etwas dagegen ausrichten.

Ich kann nur so wenig helfen.

Das macht mich unendlich traurig.

Mein Damaskus, wo bist du hin?

Wo bist du geblieben?

Wo ist meine einstmals so schöne Stadt?

أين بقي ذلك الضوء؟
(Wo ist das Licht geblieben?)

إلى أين تريدين المسير أيتها البلاد الفاتنة
لقد خبا بريقك
منذ أكثر من خمسة آلاف عام وأنت مسكونةً بالحب
ماذا فعل بك القرن الأخير؟
بيوتنا، حياتنا دُمرت

أنّى نجد وطناً آخر؟
أصدقاء، أقرباء، أحباء فقدناهم تحت الأنقاض
نؤجل حياتنا المحرمة
لا أحد يسمع استغاثاتنا، التي تنشد حياةً طبيعيةً
لقد فقدنا ذلك الضوء

الشوق حبيس الظلام
بينما نترنح كالسكارى بين شقوق الركام
آهٍ يا وطني الحبيب
الشمس فوقك شاحبة
فقدت بريقها في حضرة انهمار القنابل

حياتنا كلها ذوت
نتعثر ببقايا زمان آخر
إلى أين تريدين المسير أيتها البلاد المغرورة الفاتنة؟
فِتنَتُكِ غاصت في الدماء

ماذا فعل بك القرن الأخير؟
إلى أيِّ دركٍ هوينا
في يوم ما كنا نضحك
والآن يقف السؤال وحيداً: لماذا

Wo ist das Licht geblieben?

Wo bist du hin, du stolzes, schönes Land?
Dein Glanz ist dir abhandengekommen.
Schon früh berühmt und geliebt,
bewohnt seit mehr als fünftausend Jahren.
Was hat das letzte Jahrzehnt mit dir gemacht?

Unsere Häuser, unser Leben sind zerstört.
Wo können wir noch Heimat finden?
Freunde und Verwandte haben wir verloren.
Unter Trümmern modern sie dahin.
Ein unsägliches Leben müssen wir fristen.

Niemand vernimmt unser Wehklagen,
das nach Normalität schreit.
Wir haben das Licht verloren,
Sehnsucht verhallt in Dunkelheit,
wankend taumeln wir durch Trümmerkluften.

Oh mein geliebtes Land,
die Sonne über dir leuchtet nur fahl.
Im Bombenregen verliert sie ihren Schein.
Unser ganzes Leben hat sich verdunkelt.
Wir stolpern über die Reste einer anderen Zeit.

Wo bist du hin, du stolzes, schönes Land?
Deine Pracht ist im Blut versunken.
Was hat das letzte Jahrzehnt mit dir gemacht?
Wie tief sind wir gesunken?
In besseren Zeiten haben wir gelacht.

Und am Ende steht allein die Frage: Warum?

Wie komme ich an Treibstoff

An diesem noch frühen Nachmittag steuere ich mein gelbes Taxi eine frequentierte Straße hinunter. Ich kenne sie sehr gut, da ich diese Strecke mehrfach gefahren bin auf dem Weg zu einem Kunden.

Schon von weitem fällt mir eine lange Schlange von überwiegend gelben Fahrzeugen auf, die sich an der rechten Straßenseite aufgereiht haben. Alle warten hier, um an der Tankstelle weiter hinten den begehrten Sprit zu bekommen.

Seit einigen Tagen hat die Regierung den Treibstoff im Großraum Damaskus wieder einmal rationiert. Als Privatperson erhält man dieses Mal zwanzig Liter in fünf Tagen. Die Taxifahrer erhalten dieselbe Menge alle 48 Stunden. Eine zusätzliche Behinderung für unser Geschäft und unseren Lebensunterhalt, die wir wirklich nicht brauchen. Die von einigen anderen Staaten verhängten Sanktionen gegen das

Regime haben die Situation noch weiter verschlimmert. Und mit zwanzig Litern Benzin im Tank komme ich als Taxifahrer an zwei Tagen nicht allzu weit.

Zum Glück hatte ich in der letzten Nacht meinen Tank auf einer Rückfahrt nochmals komplett aufgefüllt, bevor ich den gestrigen Arbeitstag gegen zwei Uhr beendete. Und jetzt das.

Wie lange wird die Rationierung andauern?

Wer und was steckt wirklich dahinter?

Ich fahre langsam im Schritttempo an der endlosen Autoschlange vorbei. Viele meiner Kollegen haben sich hier vor dieser Tankstelle eingereiht, damit sie ihre Arbeit weiter ausüben können. Die meisten brauchen dringend die Einnahmen. Und gibt es kein Benzin im Tank, gibt es keine Fahrgäste und am Ende keinen Verdienst.

Ein ganzer Tag geht so verloren. Oder man muss mehrere Tage ohne Fahrten verkraften. In der Familie gibt es in dem Fall nichts oder nur wenig zu essen. Der Überlebenskampf und die Situation für Familien mit Kindern werden in letzter Zeit immer schwieriger, reflektiere ich in Gedanken vor mich hin.

Was können wir dagegen unternehmen? Nichts, muss ich mir selbst frustrierend eingestehen. Wir müssen es einfach hinnehmen wie so vieles andere.

Plötzlich springt ein Mann verzweifelt zwischen den Autos aus der Warteschlange auf die Straße direkt vor meinen Wagen. Ich kenne ihn nicht.

Mit ausgebreiteten Armen versperrt er mir den Weg. Kurz vor ihm kann ich gerade noch abbremsen und mein Taxi zum Stehen bringen.

„Bist du total verrückt geworden!", brülle ich ihn wütend durch das offene Fenster an.

„Du musst mir unbedingt helfen, ich brauche Hilfe", ruft er verzweifelt zurück.

„Bitte hilf mir! Es ist wirklich dringend! Ich bin ebenfalls Taxifahrer."

Er stehe in der wartenden Reihe und ein Gast sitze in seinem Fahrzeug. Er wolle den Kunden nicht verlieren und benötige Treibstoff.

„Ich brauche das Geld", bettelt er.

„Was kann ich dabei für dich tun?", frage ich ihn neugierig.

Gerade vor einer Stunde habe er von Kollegen erfahren, dass es heute vorne an der Tankstelle für eine bestimmte Zeit fünf Liter Benzin extra, also mehr als die sonst festgelegte und rationierte Menge von 20 Litern gibt.

„Das müssen wir doch ausnutzen. Wann bekommen wir dies wieder. Aus diesem Grund haben sich auch so viele hier angestellt“, erklärt er aufgeregt.

Im Eiltempo hatte sich dies natürlich überall herumgesprochen. Er bittet mich, ihn zu seinem Haus zu bringen, das etwa zwei Kilometer entfernt von hier sei. Er habe einige Kanister dort und könne mir auch einen geben.

Ich gebe ihm ein Zeichen, dass er einsteigen soll.

Schnell läuft er zu seinem Wagen und informiert seinen Kunden, dass wir gleich wieder zurück sind. Den Schlüssel lässt er im Wagen stecken.

Mit einem erleichterten und freudigen Lächeln im Gesicht kommt er, öffnet die Beifahrertür und steigt bei mir ein.

Gutgelaunt stellt er sich direkt vor: „Mein Name ist Salah.“

Auf unserer Fahrt erklärt er mir, dass er mit seinem Taxi stehen geblieben sei. Als er in die Straße kam und sich ans Ende der Schlange stellte, sei ihm das Benzin ausgegangen. Er hoffte, es noch bis zur Tankstelle zu schaffen und habe einen Kunden mitgenommen. Der wolle ans andere Ende im Norden der Stadt.

Eine lukrative Fahrt für jeden von uns Taxifahrern! Nun sei er mit seinem Wagen lahmgelegt.

„Verdammt sei dieses verbrecherische Regime!“, keift er wütend vor sich hin und fuchtelt mit den Händen in der Luft.

„Mach dir keine Sorgen, ich helfe dir. Das kriegen wir schon hin“, beruhige ich ihn.

Wir fahren zu seinem Haus.

Mit einem halben Dutzend Kanister kommt er nach kurzer Zeit wieder zurück. Er will auch welche an die anderen Kollegen geben, damit sie sich mit den fünf Litern, die es heute zusätzlich gibt, versorgen können.

„Wir alle sind doch darauf angewiesen, mit unserem Taxi fahren zu können und so unser Geld sowie unser Essen zu verdienen“, jammert Salah auf der Rückfahrt.

Nach etwa einer halben Stunde sind wir wieder in der Straße zurück. Die Reihe in Richtung der Tankstelle ist nur wenige Autolängen vorgerückt.

Wir gelangen zu Salahs Wagen und entdecken, dass es keine Lücke zwischen seinem und den anderen Fahrzeugen in der Schlange gibt. Ich schaue genauer hin und wundere mich. Sonderbar!

Sein Kunde steht entspannt an den Wagen gelehnt und erklärt ihm, dass er einige der ebenfalls Wartenden gebeten habe, das Taxi mit ihm nach vorne zu schieben, damit kein Abstand dazwischen entsteht.

Er wollte nicht, dass sie weiter nach hinten geraten und so noch länger warten müssten.

Salah ist verwundert. Er geht auf seinen Kunden zu, reicht ihm zum Dank die Hand. Dann läuft er um meinen Wagen herum nach hinten und öffnet hastig den Kofferraum. Er nimmt seine fünf Kanister heraus und lässt den sechsten für mich zurück.

Er beugt sich zu mir hin und reicht mir durchs offene Fenster die rechte Hand.

Dankbar verabschiedet er sich mit „Salam! Gott schütze dich!“ und geht zufrieden zu seinem fahrbaren Untersatz.

Ich wende weiter vorne auf der Straße und fahre gemächlich an den geduldig Wartenden vorbei, winke Salah nochmals zu und reihe mich am Ende der Warteschlange ein.

Ich will die Gelegenheit ebenfalls ausnutzen und mir eine kleine Reserve Benzin sichern. Man weiß ja nie, welche Schwierigkeiten uns noch erwarten. Da kann es nicht schaden, wenn ich im Notfall eine Fahrt zu Ende bringen kann mit dem gefüllten Reservekanister im Kofferraum.

Mit einem guten und beruhigenden Gefühl verbringe ich die mehr als anderthalb Stunden Wartezeit, bis ich endlich an der Zapfsäule stehe. Ich ruhe mich dabei etwas aus für den Rest des Tages, was auch immer noch auf mich zukommt.

Alle Kollegen und die anderen warten unverdrossen mit der Hoffnung, wenigstens in den nächsten zwei Tagen mit ihrem Taxi ihr Geschäft weiterführen zu können oder mit ihrem Privatwagen flexibel und mobil zu sein für die wichtigsten Besorgungen im meist spärlichen Leben, das wir inzwischen führen müssen. Das schmiedet uns alle zusammen.

Wenn man diesen fürchterlichen Zeiten des Krieges und der vielen Verwüstungen in unserem Land, der großen Not, der Entbehrungen mit Hunger und Durst sowie den Kämpfen in und um Damaskus etwas Positives abgewinnen kann, dann ist es die Hilfsbereitschaft, auf die man überall bei den betroffenen Menschen an allen Ecken und Enden trifft.

Man spürt, dass viele das gleiche Schicksal und Erlebtes teilen und deshalb gerne anderen helfen, wann immer sie können.

Ein Kunde, der den Wagen, der ihn eigentlich befördern soll, mit eigenen Händen voranschiebt, damit er zu seinem Ziel gelangt ...

Ein Kollege in Not, der freigiebig seine Benzinkanister an andere verteilt, damit sie etwas mehr Treibstoff bekommen können ...

Für heute tröstet mich dieses Erlebnis mit meinem Taxi-Kollegen Salah und den vielen geduldig Wartenden etwas über die katastrophale Situation, in der wir leben, hinweg.

Nael, der alte Mann mit dem Stock

Heute führt mein Weg mich durch das Zentrum von Damaskus. Ich habe gerade einen Kunden aus einem Vorort dorthin gebracht und fahre gemütlich weiter.

Die eigentliche Altstadt von Damaskus ist aufgrund der günstigen Lage an der Kreuzung wichtiger traditioneller Handelswege eine der ältesten kontinuierlich bewohnten Siedlungen der Welt. In diesem Teil der Metropole ist kaum etwas vom dem nur wenige Kilometer entfernt tobenden Krieg zu spüren.

Das Alltagsleben verläuft nahezu in üblichen Bahnen. Die Menschen gehen wie üblich ihren Tätigkeiten nach. Sie versuchen ein normales Leben zu führen, so gut es eben möglich ist.

In der Nähe der Zitadelle südlich des Flusses Barada entdecke ich bei meiner Suche nach neuen Fahrgästen einen betagten Mann, der unweit der alten Stadtmauer steht.

Mit seinem Stock winkt er den vorbeifahrenden Autos zu. Niemand beachtet ihn. Orientierungslos schaut er die Straße rauf und runter.

Ich habe den Eindruck, der gebeugte Alte sucht nach irgendetwas, weiß aber nicht genau wonach. Ich beschließe bei ihm anzuhalten und fahre direkt vor ihn.

Freudig trippelt er mir entgegen.

„Ich will jetzt zurück nach Hause gehen. Kannst du mich mitnehmen und dort hinbringen?“, sagt er.

Warum nicht, erwäge ich. Gleich ohne langes Suchen der nächste Kunde. Das wird heute ein guter Tag! Ich öffne ihm die Beifahrertür, damit ich mich besser mit ihm unterhalten kann, wenn er vorne neben mir sitzt.

Schweigend fahren wir los und kommen an der Umayyaden-Moschee vorbei, einem der bedeutendsten und vielbesuchten Bauwerke in Damaskus und beliebter Treffpunkt. Auf dem Gelände, auf dem heute die große Moschee steht, befand sich zur Römerzeit ein Jupiter-Tempel.

Dieser Distrikt im Zentrum ist mit seinen vielen Kulturdenkmälern die Kernzone des bekannten UNESCO Weltkulturerbes der syrischen Hauptstadt.

Mein Fahrgast nickt zufrieden vor sich hin. Wir scheinen auf dem richtigen Weg zu sein. Er redet nicht viel. Und mit dem, was er so von sich gibt, kann ich nur wenig anfangen.

Ich frage ihn deshalb, wohin ich ihn eigentlich fahren soll. Mit den Händen fuchtelt er weiter, weiter und ergänzt energisch: „Fahr nur zu, ich will nach Hause! Du wirst es schon finden."

Ich folge weiter der Straße und überquere den Fluss Barada. Er verläuft auch an dieser Stelle zwischen Mauern eingezwängt. Ich biege rechts ab in die Straße, die am Gewässer entlang verläuft. Mein Fahrgast macht einen zufriedenen Eindruck. Der Fluss teilt sich an dieser Stelle und dazwischen sehe ich den Park mit den historischen Museen. Ich biege weiter hinten rechts ab auf die breite Straße, die im Bogen nach Nordosten aus dem Zentrum herausführt.

Der alte Mann sagt etwas. Ich verstehe seine undeutlichen Wortfetzen nicht, die er zwischendrin von sich gibt. Mit der rechten Hand winkt er weiter, weiter. Als wir kurz darauf in den großen Kreisverkehr einbiegen, gerät der alte Mann neben mir plötzlich in Panik. Irritiert, unsicher und nervös schaut er suchend zum Fenster hinaus. Ich weiß nicht, was ihn so unruhig macht.

Altstadt von Damaskus mit der Umayyaden-Moschee, (Ibrahim Doudieh, 2018)

„Nein, nein“, schreit er mich an.

„Ich will nicht dahin. Ich muss zu meinem Sohn ins Geschäft. Das ist nicht richtig. Das ist der falsche Weg“, fügt er erbost hinzu.

„Wo ist denn dieses Geschäft?“, frage ich ihn ruhig. Ich bin mir nicht sicher, ob er überhaupt weiß, wohin er will. Er redet alles Mögliche vor sich hin. Ich kann vage herausfiltern, dass er irgendetwas vom Basar brabbelt.

„Soll ich dich zum Souk al-Hamadiya bringen?“, frage ich ihn.

Heftiges Kopfnicken ist seine Antwort. Ich hoffe nur, er weiß, was und wohin er will. Der vielbesuchte Basar liegt zwischen der Zitadelle und der Umayyaden-Moschee. Nach zwei Runden im Kreisverkehr biege ich in diese Richtung ab. Ob das heute wirklich ein so guter Tag für mich wird, frage ich mich und taxiere den vor sich hin Starrenden neben mir.

Wir nähern uns ohne weitere Proteste meines Fahrgastes dem Basar von Damaskus. Diese große passagenartige Halle ist über einer alten Römerstraße errichtet worden. Über 500 Meter ist sie komplett überdacht und verbindet die Scharie Althawra (Revolutionsstraße) mit der bei dem römischen Jupitertempel errichteten Umayyaden-Moschee.

Die Markthalle selbst hat sich seit dem 13. Jahrhundert wenig verändert. Die ursprüngliche Holzkonstruktion war irgendwann marode und wurde ersetzt durch ein Dach aus stabilem Wellblech.

Souk al-Hamadiya in der Altstadt von Damaskus (Ibrahim Doudieh, 2018)

Beim Anblick des Basars richtet sich mein Kunde in seinem Sitz freudig auf und beginnt schallend zu lachen. Wir sind also richtig hier, entnehme ich seinem Verhalten.

Ich überlege, wie ich den Preis für die Fahrt mit ihm aushandeln soll. Auf keinen Fall will ich sie umsonst gemacht haben. Das kann ich mir nicht leisten in Anbetracht des gerade nicht gut laufenden Geschäfts. Ich fahre langsamer und steuere meinen Wagen auf den mittleren der drei Eingänge des Basargebäudes zu. Ehe der alte Mann aussteigen will, muss ich den Preis klären, sage ich mir.

Also frage ich ihn, ob wir hier richtig sind und wie er bezahlen möchte.

Er schaut mich grimmig von der Seite an und antwortet mit klarer Stimme:

„Ich bezahle dich und nicht nur die Fahrt. Ich brauche dich. Du musst mich zu meinem Sohn führen. Dann erhältst du deinen Lohn. Du kannst dich darauf verlassen und mir vertrauen. Ich bin Nael."

„Der Tag scheint mir doch noch zu bringen, was er verspricht", murmele ich vor mich hin.

Wohlhabende Menschen mit einem gutgehenden Geschäft in der Altstadt von Damaskus. Das habe ich keineswegs jeden Tag: nicht umherfahren und Ausschau halten zu müssen nach neuen Kunden. Mein Gott, wie lange ist mir das nicht mehr passiert.

Nicht weit von dem mittleren Eingang wird ein Parkplatz frei.

Das läuft doch, denke ich. Wir steigen aus.

Ich führe Nael langsam über die Fahrbahn und frage ihn nochmals, wohin wir gehen sollen. Als wir vor dem mittleren Tor der Markthalle stehen, sagt er mürrisch: „Der siebte Laden auf der rechten Seite",

Oh, ich habe dir doch nichts getan, denke ich.

Mann, was bist du so launisch du alter Sack!

Schon von der Straße aus hört man das geschäftige Treiben und laute Stimmengewirr in der Markthalle. Hier treffen sich trotz des Krieges jeden Tag immer noch zahlreiche Menschen. An jedem Stand wird energisch und lautstark gefeilscht. Für fremde Ohren klingt es meistens nach einem Streit. Aber bei uns gehört das einfach dazu.

Vor dem Krieg kamen viele Touristen aus anderen arabischen Ländern und der ganzen Welt hierher. Das riesige Angebot im Basar mit allen erdenklichen Dingen beeindruckt aber auch heute noch die Besucher. In den unzähligen Läden und Shops kann man so gut wie alles finden. Die Händler verstehen ihr Geschäft, denke ich.

Man muss es sich nur leisten können.

Gemächlich gehen wir durch den großen Eingangsbogen in den Basar und schwenken, wie der Herr gewünscht hat, nach rechts.

Nael fordert mich auf, nach dem Laden seines Sohnes zu schauen. Dabei kenne ich weder den Sohn noch dessen Geschäft. Das ist ihm egal. Er selbst schaut nur fragend immer wieder in die einzelnen Eingänge der Geschäfte hinein.

Beim zehnten Stand dreht er sich plötzlich um und schlägt mit seinem Stock auf mich ein. Ich kann gerade noch zur Seite springen.

Ist er jetzt völlig verrückt geworden?

Oder was soll das?

„Du sollst mich zu meinem Sohn bringen. Er hat einen Laden hier in der Halle und wartet auf mich!", schreit er mich an.

„Ich bezahle dich schließlich dafür."

Der alte Mann wird wütender und schlägt weiter mit dem Stock nach mir. Da er sich ohne diesen nur schwer von der Stelle bewegen kann, bewahre ich eine sichere Distanz zu ihm.

„Wo soll das denn sein?“, frage ich ihn.

„Was weiß ich! In die andere Richtung vielleicht! Mach deine Augen auf! Warum habe ich dich engagiert?“, wütet er.

In den arabischen Ländern begegnen wir älteren Menschen in der Regel respektvoll. Wir achten sie auch wegen ihrer reichen Erfahrung. Sie haben ein oft mühsames Leben hinter sich mit vielen Erlebnissen, schönen und vielfach auch schweren. Dem zollen wir Respekt.

Also lasse ich ihn weiter schimpfen und kümmere mich nicht darum.

Mit sicherem Abstand fordere ich ihn auf, mir in die andere Richtung zu folgen.

Wild gestikulierend stützt er sich auf seinen Stock und folgt mir im Zeitlupentempo. Beim fünfzehnten Laden bleibt er gebannt stehen.

Der Händler hinter seiner Theke in der Mitte des Raums schaut ihn lächelnd an und empfängt ihn mit den Worten: „Da bist du ja endlich!“

Es ist sein Sohn. Er hat auf ihn gewartet.

Na, wenigstens sind wir jetzt richtig und das ganze Theater mit ihm war nicht umsonst, sage ich zu mir.

Nach kurzer Begrüßung gibt Nael ihm zu verstehen, dass er mich noch bezahlen muss.

„Ich bin Saber“, kommt der Händler mir freundlich entgegen.

„Weißt du, mein Vater findet sich in letzter Zeit immer häufiger nicht mehr so gut zurecht in der Stadt. An einige Dinge erinnert er sich nicht genau und wirft so manches völlig durcheinander", sagt er wehmütig.

„Auch der Krieg, die Zerstörungen und die Unordnung in vielen Vierteln und Straßen haben ihm besonders zugesetzt", erzählt er.

„Manchmal habe ich den Eindruck, dass er vieles aus seinem Kopf verdrängt hat, um nicht ständig diese schrecklichen Bilder im Kopf zu haben. Er verlässt nur noch selten das nicht zerstörte Gebiet im unmittelbaren Zentrum und nördlich davon. Dort leben wir noch einigermaßen in Ruhe."

„Ja, die Zeiten sind viel härter geworden. Viele kämpfen außerhalb der Kernstadt und in der Umgebung von Damaskus ums blanke Überleben", entgegne ich ihm.

Er erklärt mir mit ernster Miene, dass auch die Geschäfte im Basar lange nicht mehr so üppig laufen wie vor dem Krieg. Aber er sei zufrieden. Sie könnten ganz gut davon leben.

Ohne weitere Fragen öffnet Saber eine Schublade in seiner Theke und überreicht er mir mit zufriedenem Blick einige Scheine.

Verlegen schaue ich ihn an und denke, das reicht, um drei Tage davon leben zu können. Er greift nach meiner Hand, schüttelt sie und bedankt sich mit „Gott behüte dich! Shukraan jazilaan!"

Ich danke ihm und winke seinem Vater Nael zum Abschied zu. Der hat es sich derweil auf dem Sofa in der Ecke des Ladens gemütlich gemacht und schaut zufrieden vor sich hin. Nichts mehr von dem wütenden Alten zu erkennen. Wie ausgewechselt sitzt er friedlich da.

„Ich bringe dir gleich einen Tee", ruft Saber ihm zu und geht nach hinten.

„Lass dir ruhig Zeit", höre ich eine zufriedene Stimme von hinten.

Ich schlendere mit einem guten Gefühl durch den heute eher ruhigen Basar zurück. Ach, könnten die Tage nicht öfter so verlaufen, keimt eine Sehnsucht in mir auf, als ich meinen Wagen auf der anderen Seite der Straße sehe.

Straße nördlich vom Zentrum in Damaskus

Namenlose Leben auf der Straße

Auf der Ausschau nach weiteren Kunden gleite ich an diesem Tag mit meinem Taxi wieder einmal durch mein Damaskus. Meine Strecke führt mich am Fluss Barada entlang, der den Großraum Damaskus von Westen kommend nach Osten durchquert.

Am Straßenrand an der Mauer zum Fluss entdecke ich eine Gruppe mit fünf Kindern. Ich schätze sie im Alter zwischen sechs und zehn Jahren. Obwohl ich fast täglich orientierungslose und sehr junge Kinder auf den Straßen sehe, fällt mir diese kleine Gruppe besonders auf.

Wie sieht wohl ihr Leben in diesen harten Zeiten aus, überlege ich. Leben sie wirklich Tag und Nacht auf der Straße? Meine Gedanken schwirren im Kopf herum. Bomben, die plötzlich vom Himmel fallen, explodierende Sprengsätze und Detonationen prägen ihren Alltag.

Sie treffen auf zerstörte, brennende Gebäude, aus denen schreiende Menschen stürzen, in und vor denen blutende und zerfetzte Körper liegen.

Jeden Tag begegnen sie dem Horror und Wahnsinn des brutalen und unsinnigen Krieges, der in unserem Land herrscht. Ihre Gegenwart wird bestimmt vom Lärm der Flugzeugangriffe, von ohrenbetäubenden Explosionen der Bomben, von peitschenden Schüssen, von sterbenden Familienangehörigen und von toten Freunden. Ständige Schusswechsel aus Maschinengewehren wenige Straßenzüge nebenan begleiten sie so gut wie jeden Tag.

Was ist das für ein armseliges Dasein, das sie fristen, denke ich. Sehr viele haben ihr Zuhause verloren. Sie wurden vertrieben. Sie harren in belagerten Vierteln aus.

Sie lungern herum in zerbombten Straßen und zerfallenen Häusern. Ihre bisherigen Erfahrungen bestehen aus grausamen Erlebnissen sowie unendlichen Entbehrungen.

Wer von ihnen all die Schrecken irgendwie überstanden hat, vegetiert erbärmlich im Freien auf der Straße. Er muss hungern und hat Durst. Nicht selten wurde er verletzt und gefoltert oder zu entsetzlichen Dingen gezwungen.

In den oft leblosen Trümmerlandschaften fristen diese armen Kinder ein unwürdiges Dasein. Kriegswaisen auf sich allein gestellt in ihrem noch jungen Leben. Die äußerlichen Wunden sind nach einer Zeit einigermaßen verheilt. Für andere sind sie nicht mehr sichtbar. Wer aber kümmert sich um die inneren, oft dramatischen Verletzungen?

Geschundene, vergessene, arme Kinderseelen im Inferno-Alltag!

Der mit so viel Verwüstung und Elend einhergehende Krieg wütet nun schon viele lange Jahre in unserem Land. Fast kein Tag vergeht ohne eine Schreckensmeldung.

Wie viele der Kinder haben nichts anderes erfahren als diese Welt mit brutalster Gewalt, verheerenden Zerstörungen an vielen Orten, Entsetzen, Wut, unsäglicher Trauer und tiefem Schmerz?

Ich habe davon gehört, dass sich welche in ihrer Verzweiflung selbst Verletzungen zufügen. Sie sind aggressiv. Sie sind wütend. Sie sind traurig und total in sich gekehrt. Sie können nicht reden über das, was sie gesehen und erlebt haben oder was ihnen oft mehrfach widerfahren ist.

Sie können es nicht einordnen.

Sie können es nicht begreifen.

Einige nässen sich ein, können kaum schlafen oder sich auf irgendetwas konzentrieren. Wenn sie ein Geschoss oder ein Flugzeug über sich am Himmel hören, zucken sie aufgeschreckt zusammen. Die Detonationen dröhnen in ihren Köpfen. Wenn sie dann einmal vom Schlaf überwältigt werden, wachen sie kurz darauf schreiend wieder auf.

Welche Bilder und Dinge mögen sich in ihren Vorstellungen, in schrecklichen Albträumen in ihren Köpfen abspielen?

Ich will es mir gar nicht ausmalen.

Ein Fahrgast berichtete mir während einer anderen Fahrt von Kindern aus Aleppo, die mit gerade einmal sechs Jahren versucht haben, sich selbst umzubringen. Sie sollen Rattengift genommen haben, welches sie auf der Suche nach etwas Essbarem in herrenlosen, verschütteten Kellerräumen fanden. Sie schluckten das Gift aus lauter Angst, den nächsten Bombenangriff nicht mehr ertragen zu können.

Diese beklemmenden Gedanken schwirren mir im Kopf herum bei dem Anblick der Gruppe am Fluss Barada. Ich sehe ja fast täglich bei den Fahrten durch die Stadt solche Straßenkinder. Ich reiche ihnen hier und da direkt aus dem Wagen mal etwas zum Essen oder bunte Hefte mit fröhlichen Bildergeschichten, die für Ablenkung in ihrem tristen Alltag sorgen könnten.

Aber heute kann ich nicht einfach weiterfahren! Ich muss anhalten!

Erschreckt und ängstlich mustern diese erbärmlichen Wesen das langsam auf sie zurollende, fremde Fahrzeug. Sie verstecken schnell die hellen Plastikbeutel hinter ihrem Rücken, die sie in einer Hand vor den Mund gehalten hatten. Ich hatte es von weitem längst bemerkt.

Was müssen sie damit verdrängen?

Es schaudert mich.

Eine Ansammlung von allerlei Gegenständen, darunter ausgequetschte und noch pralle Tuben und einige zerbeulte Kartons mit Habseligkeiten liegen hinter ihnen am Boden. Ihre Utensilien für das Straßenleben und den kargen Alltag.

Ich muss hier anhalten!

Ich kann nicht weiterfahren!

Als mein Wagen ein wenig stotternd zum Stehen kommt, schauen mir ihre leeren, wässrigen und trostlosen Augen durch die Autoscheiben entgegen.

Diese noch so jungen Kinder scheinen total verunsichert. Angst quillt aus ihren Blicken. Ich kann ihre Gedanken, ob sie nicht lieber davonlaufen sollten, regelrecht spüren. Unsicherheit darüber, was auf sie zukommen könnte. Erlebter Schrecken in den Gesichtern wie eingemeißelt.

Insgesamt sind durch den Krieg in Syrien Hunderttausende zu Waisen geworden. Eine furchtbare Wahrheit, die mir fast jeden Tag als Schicksal auf den Straßen und in meinem Taxi in den Erzählungen begegnet.

Eigentlich sollten Kinder in diesem Alter in die Schule gehen, mit Freunden spielen, schöne Dinge entdecken und ein behütetes Leben haben.

Mit Handzeichen versuche ich vorsichtig ihr Vertrauen zu gewinnen. Ich greife nach der Tüte mit den Fladenbroten, die ich als Reserve seit gestern auf dem Beifahrersitz bei mir habe und steige langsam aus meinem Wagen.

Die zwei Kleinsten der Gruppe klammern sich schutzsuchend eng an die Größeren. Sie wagen nur scheue Blicke hinter deren Rücken hervor.

Der Barada fließt quer durch das Zentrum von Damaskus. Auf einer Strecke von zwei Kilometern ist er wie in eine Art Kanal zwischen Mauern eingezwängt. Die Straße und der Weg sind zum Fluss hin durch ein Metallgitter gesichert. Dahinter auf der Seite zum Wasser verläuft ein schmaler Betonstreifen ohne Geländer oder Absicherung zu dem mehr als drei Meter tiefer fließenden Wasser.

Ich gehe auf die Kinder zu, die schüchtern am Gitter stehen. Mein Blick fällt auf die Kartons dahinter. Kümmerliche Habseligkeiten einer trostlosen Existenz. Zipfel von Kleidungsstücken, Decken und andere Dingen hängen heraus.

Sie scheinen hier auch die Nacht zu verbringen. Wenn sich einer nachts im Schlaf umdreht und abrutscht, ist er verloren.

Im Fluss entlang der Mauer liegen viele Felsbrocken und allerlei harte, scharfe Gegenstände.

Die ängstlichen, sich eng aneinander Schmiegenden gewinnen ganz zögerlich Zutrauen, auch wenn sie jede Bewegung von mir argwöhnisch beobachten. Ich stelle mich zu ihnen an das Gitter.

„Lebt ihr hier?“, frage ich.

Fünf nickende Gesichter schauen mir entgegen. Ich reiche ihnen das Brot und sie lassen schnell die Plastikbeutel aus der Hand fallen. Hastig reißen sie sich Stücke von dem Brot ab und stopfen sich gierig ihre Münder voll.

Schweigend schaue ich ihnen zu und überlege, wann die Armen wohl das letzte Mal etwas Richtiges zu essen bekommen haben.

Sie sehen sehr abgemagert aus. Ihre Kleidung ist schmutzig und ihre zerschlitzten Hosen schlottern um die schmalen Hüften. Dankbar, aber mit scheuen Blicken schauen sie immer wieder zu mir herüber.

Nach einer Weile beginnt der Größte und wohl Älteste von ihnen schüchtern zu reden.

„Wir wissen nicht, wohin wir gehen sollen. Unsere Eltern liegen unter den Trümmern begraben. Wir sind allein und haben nichts mehr. Wir haben kein Zuhause. Niemand kümmert sich um uns."

„Warum macht ihr das mit dem giftigen Klebstoff und dem Schnüffeln?", frage ich.

Schulterzuckend schauen sie mich wortlos an.

„Wisst ihr nicht, dass das sehr gefährlich sein kann? Ich habe jemanden gesehen, der daran gestorben ist."

Es beeindruckt sie nicht.

Trotzdem richten sich ihre Blicke zu Boden. Kein Wort kommt über ihre Lippen. Um den Tag ertragen zu können, betäuben sie sich mit Dämpfen aus Klebstoff oder anderen giftigen Substanzen.

Es ist ihnen egal!

Es hilft zu vergessen!

Wenn auch nur für eine kurze Zeit.

Hauptsache ist, nicht an die schrecklichen Erlebnisse denken zu müssen.

„Woher habt ihr das Zeug? Das gibt es nicht umsonst! Das kostet viel Geld."

Keine Antwort.

Ihre verstohlenen Blicke sagen alles und sprechen für sich. Der trostlose Überlebenskampf hat sie zum Stehlen gebracht und zu Dieben gemacht.

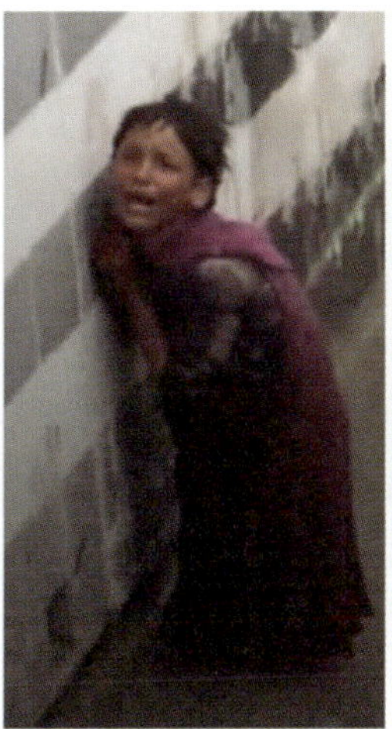

Sie setzen sich damit einer weiteren Gefahr aus. Es ist ihnen vermutlich gleichgültig. Wenn sie erwischt werden, wird kurzer Prozess mit ihnen gemacht. Wen kümmert es. Einige namenlose Leben weniger auf der Straße.

Ich muss durchatmen und hole tief Luft.

Mein Sohn ist im gleichen Alter wie diese hoffnungslosen Wesen. Was wäre, wenn er in eine solche Situation geraten würde, schwirrt es mir wild im Kopf herum. Es kann jeden von uns in dieser Situation treffen, jeden Tag und überall.

Verstört überlege ich, wie ich diesen armen Straßenkindern in ihrer beschissenen und erbärmlichen Lage helfen kann.

Da fällt mir ein SOS-Kinderdorf im Norden von Damaskus ein, zu dem ich schon einige Male einen Kunden gefahren hatte. Er besuchte immer wieder Kinder, die er dort unterbringen konnte.

Einmal gelang es mir, als ich länger auf ihn warten musste, weil er wieder mit mir zurückfahren wollte, mit der Leiterin zu sprechen.

Die Kinderdörfer in Syrien sind in jedem Fall auf Unterstützung angewiesen. Wenn jemand ein Kind unterbringen möchte, wird dies erwartet. Sonst erhält derjenige sofort eine Absage.

Also auch hier geht nichts ohne Geld, wie überall und bei allem in diesem Land. Mit meinem Geschäft mit den Taxifahrten kann ich in letzter Zeit gerade einmal meine Familie notdürftig ernähren, sage ich zu mir selbst. Es wird immer schwieriger genügend Kunden zu finden. Wie soll ich da noch etwas an ein SOS-Kinderdorf zahlen? Aber irgendwie muss ich einen Weg finden, den armen Wesen auf der Straße zu helfen. Ich schaue die vor mir Sitzenden an und sehe die tief traurigen Blicke der fünf Gestalten. Sie starren mich hilfesuchend an. Sie haben Unsägliches durchgemacht und sehen verzweifelt aus. Ich will ihnen nicht unbegründet Hoffnung machen, denn sie würden sich sicher mit aller Macht an einen solchen Hoffnungsschimmer klammern.

Ich werde es versuchen, entschließe ich mich kurzerhand. Irgendeine Möglichkeit werde ich finden. Als ich in meinen Wagen steige, vernehme ich ihr nicht ausgesprochenes Flehen „Wir wollen unsere Kindheit zurück!“

السعادة على الطريق
(Verdorbenes Straßenglück)

نحن نعيش النهار
لا نعرف إلى أين نذهب
لقد أخذ البلطجية ودنا منا
لقد فقدنا كل شيء
أيامنا تدور حول لا شيء
نحن نسير في أي مكان

نحن نحزن بعد الأوقات السعيدة
عالمنا لم يعد موجودا
كان الشارع مكانًا للفرح
انتقلنا إلى هناك بشكل هزلي
أوقات أفضل ، أين يمكن أن نجدها؟
فقدت الفكر وتلاشت الصور

نحن نتشبث بالرياح السامة
بأمل في المخرج
افتح وأغلق الأكياس البلاستيكية
نتنشق السموم ولاصق تنر
يعطون السلام فقط لفترة قصيرة ،
نغماتهم ناعمة جدا
لقمع الجوع المرير

ينتشر اليأس
تومض فقط في الظلام
لقد فقدنا كل شيء
تهتز الدنيا حول آذاننا
حياتنا كلها مخدرة وخدرة
وجودنا تعويذة متفجرة

اين انت يا ذاك الوقت البريء؟
حزننا لا يمكن أن يعيدك
ماذا سيفعل المستقبل بنا؟
إلى أين ستأخذنا؟
هل يمكننا أن نضحك مرة أخرى في النهاية
لا مزيد من فرك أيدينا بعضها لجلب الدفئ

نحن نعيش في الإنهيار
لا نعرف إلى أين نذهب
الشارع بيتنا
يعذبها الجوع والعطش
نطلب العزاء في غير المستقر
ونأمل أن تجدنا مرة أخرى

نحن نصرخ في العالم بحزن
الجواب التماس السؤال
"لماذا لماذا لماذا؟"
سيرافقنا الحظ السيئ على الطريق
أعمق رغبتنا في الهروب
لكن لا أعرف كيف وأين تذهب

Verdorbenes Straßenglück

السعادة على الطريق

Wir vegetieren in den Tag hinein,
wir wissen nicht, wohin wir sollen.
Schergen haben uns die Eltern genommen.
Alles ist uns abhandengekommen.
Unsere Tage kreisen um ein Nichts,
wir laufen durch ein Nirgendwo.

Wir trauern fröhlichen Zeiten hinterher,
unsere Welt existiert nicht mehr.
Früher war die Straße ein Freudenort,
spielend bewegten wir uns dort.
Bessere Zeiten, wo können wir sie finden?
Gedankenverloren die Bilder schwinden.

Wir klammern uns an giftige Winde
in der Hoffnung auf einen Ausweg.
Plastikbeutel auf und zu,
nur kurze Zeit spenden sie Ruh,
ihre Töne zu leise,
den rumorenden Hunger zu verdrängen.

Verzweiflung macht sich breit,
flackert einzig in der Dunkelheit.
Alles haben wir verloren,
Gase vibrieren um unsere Ohren.
Unser ganzes Leben wird taub und tauber,
unsere Existenz ein Explosionszauber.

Wo bist du, du schöne, unschuldige Zeit?
Unsere Trauer kann dich nicht wiederbringen.
Was wird die Zukunft mit uns machen?
Wohin wird sie uns treiben?
Können wir am Ende noch einmal lachen,
nicht mehr namenlos uns die Hände reiben?

Wir vegetieren in den Tag hinein,
wir wissen nicht, an welchen Ort wir sollen.
Die Straße ist unser Daheim.
Von Hunger und Durst gequält
suchen wir Trost im Haltlosen
und hoffen uns wiederzufinden.

Wir rufen klagend in die Welt hinaus
die Antwort suchende Frage
„Warum, Warum, Warum?“
Verdorbenes Straßenglück wird uns begleiten,
unser innigster Wunsch dem zu entkommen,
wissen aber nicht wie und wohin.

Opernhaus „Dar al-Assad for Culture and Arts“ im Westen des Zentrums von Damaskus

Die Fahrt zum Opernhaus

An einem ruhigen Samstagmorgen bin ich mit einem Kunden auf dem Weg nach Set Zaynab, südlich von Yalda gelegen. Während der Fahrt erhalte ich eine Nachricht. Jemand will am frühen Nachmittag am Internationalen Flughafen abgeholt werden. Meine Telefonnummer hat er von einem Bekannten, der vor einigen Wochen mit mir gefahren ist.

Ich freue mich sehr über diese unerwartete Weiterempfehlung eines zufriedenen Kunden. Da ich die halbe Strecke in Richtung Flughafen mit der Tour hinter mir habe, kommt der zusätzliche Auftrag sehr gelegen. Ich muss nicht ohne einen Fahrgast, mit leerem Wagen zurückfahren und kann direkt von Set Zaynab weiter. Es sind von dort ungefähr 20 Kilometer bis zum Flughafen.

Als ich nach einer knappen halben Stunde vor dem Flughafengebäude ankomme, ist die Maschine meines Kunden bereits gelandet. Kurze Zeit später verstauen wir seinen kleinen Koffer und die Fahrt geht zurück ins Zentrum von Damaskus. Er hat eine Verabredung mit Musikern und will zum Opernhaus, dem „Dar al-Assad for Culture and Arts". Es liegt westlich von der Altstadt in der Nähe eines großen Kreisverkehrs, den ich oft mit Kunden passieren muss.

Mein Fahrgast erzählt mir, dass er zu einem Konzert eingeladen ist und im Anschluss die Musiker im Opernhaus treffen wird. Er will mit ihnen über geplante Auftritte und die Konditionen sprechen. Er scheint sich auszukennen in der Branche, wie ich seinen knappen Ausführungen entnehmen kann.

Wir fahren vom Platz vor dem Flughafengebäude direkt auf die Autobahn, die bis zur Ringstraße ausgebaut ist, die um die Altstadt von Damaskus führt.

Mein Passagier, der sich ganz selbstverständlich nach vorne neben mich gesetzt hat, erklärt mir, dass er vor mehr als zehn Jahren, also lange vor dem Krieg, das letzte Mal in Syrien gewesen sei. Vieles habe sich wohl verändert.

Während unserer Fahrt schaut er ohne Unterlass aus dem Fenster und inspiziert die Landschaft. Zunächst ziehen karge, wüstenähnliche Landstriche an uns vorbei, nur hier und da von spärlicher Vegetation unterbrochen.

Nach etwa zehn Kilometern vom Flughafen entfernt taucht links das weitläufige Messegelände mit dem Konferenzzentrum auf. Mein Kunde räuspert sich und richtet sich im Beifahrersitz empor.

„Dort in der großen Halle bin ich vor einigen Jahren einmal aufgetreten“, sagt er stolz und mit fester Stimme, während er gleichzeitig mit dem linken Zeigefinger vor meinen Augen in Richtung der Messehallen fuchtelt.

„Aber das ist nun viele Jahre her. Ich war damals mit einer Band zu einem Festival während einer internationalen Ausstellung eingeladen. Gibt es immer noch die verschiedenen Messen hier? Sie waren jedes Mal sehr gut besucht, vor allem aus den arabischen Ländern. Ich habe viele interessante Leute hier getroffen.“

Er erwartet gar keine Antwort von mir und plappert gleich ohne Unterbrechung weiter. Was für ein seltsamer Zeitgenosse, geht mir durch den Kopf. Ich bin mir nicht sicher, ob ich ihm wirklich trauen soll.

Die Nachricht und die Empfehlung durch einen Kunden von mir könnten eine Finte sein. Was, wenn er von der Geheimpolizei ist und mich auf der Fahrt nur aushören will?

Einige meiner Taxikollegen haben das schon mal erlebt und bekamen Schwierigkeiten. Wir können in unserem Land nie sicher sein, denn die zahlreichen Agenten der Geheimpolizei sind überall und das Regime überwacht fast alles.

Kurz nach dem Messegelände nähern wir uns den Orten Aqraba auf der linken, Shebaa gegenüber auf der rechten Seite und kurz danach Beit Sahem wieder links von der Autobahn. Dahinter kann ich Yalda am Horizont erahnen.

Mein Fahrgast wundert sich über den Anblick der Zerstörungen, die an manchen Stellen bis an die Autobahn heranreichen. Gerade in Beit Sahem tobten heftige Gefechte. Der IS war bis in die südlichen Vororte von Damaskus vorgedrungen und überrannte auch einige Stadtteile wie das Palästinenser Viertel Yarmouk und Al-Hadschar al-Aswad. Der Ort Beit Sahem links von uns wurde stark verwüstet. Trümmer und zerstörte Häuser sind von der Autobahn aus zu sehen.

„Wer ist dafür verantwortlich und hat das getan?", fragt der neben mir Sitzende in aufgesetztem, scheinheiligem Ton.

Ich traue ihm immer noch nicht.

Zögerlich frage ich ihn, warum er nach Syrien zurückgekommen sei. „Ist das nicht verrückt und sehr gefährlich für dich?"

Mit einem Schulterzucken antwortet er mir und sagt nur, dass er einige Musiker im Opernhaus treffen wolle. Seit langem sei dies ausgemacht.

Ob ich ihm das wirklich glauben soll?

Ich mustere ihn seitlich durch die Augenwinkel.

Und dann erreichen wir Dscharamana, das auf dem halben Weg zwischen der Innenstadt von Damaskus und dem Flughafen liegt. Die Stadt entwickelte sich zu einem beliebten Vorort von Damaskus und wuchs vor dem Krieg auf fast 200.000 Bewohner. Früher lebten hier vor allem Christen und Drusen. Bereits 1948 wurde dort ein Flüchtlingslager für Palästinenser errichtet. Im Jahr 1967 kam eine große Zahl Vertriebener von den Golan-Höhen hinzu. Und während des Irakkrieges folgten Tausende Flüchtlinge aus dem Irak nach Dscharamana, darunter etliche Wohlhabende, die wesentlich zu der guten wirtschaftlichen Entwicklung der Stadt beigetragen haben

In den zurückliegenden Jahren kamen eine Menge Palästinenser aus dem komplett abgeriegelten und nicht weit entfernten Yarmouk in dieses Flüchtlingslager. Dscharamana selbst blieb weitgehend von Zerstörungen verschont und wächst ständig weiter. Man kann aus dem Auto heraus die neuen Viertel, die bis an die Autobahn heranreichen, gut erkennen.

Bei diesem Anblick stelle ich mir unser Land Syrien wie den Körper eines Verwundeten in diesem Krieg vor. Seine Körperteile sind übersät mit klaffenden Wunden, blutunterlaufenen Beulen, grünrotblauen Flecken auf der Haut, gebrochenen Gliedmaßen. Er hat zum Teil schwere innere, nicht sichtbare Verletzungen.

An einigen Stellen ist der Körper aber auch unversehrt geblieben. Können uns diese unversehrten Partien über die Wunden und das Ungemach hinwegtrösten? Können wir damit die unsäglichen äußeren und inneren Schäden vergessen?

Nein! Es gelingt uns nicht!

Die schmerzenden Striemen und spürbaren Narben überwiegen. Die Blessuren innen und außen beherrschen den ganzen Körper dieses so geschundenen Landes.

So sehe und empfinde ich in solchen Augenblicken mein Land Syrien. An sehr vielen Stellen klaffende Wunden, zerbombte Orte, zerstörte Gebäude, ausgebrannte Häuser, brutale Verluste sowie zerrissene Körper und Herzen bei den Überlebenden.

Und dennoch keimt beim Anblick eines Ortes wie Dscharamana, der unversehrt wächst und blüht, die Hoffnung auf andere und bessere Zeiten in mir auf. Ich will diese Hoffnung nicht aufgeben. Sie hilft mir und meinen Fahrgästen in der schwierigen Zeit.

Abrupt reißt mein Kunde mich mit lauten Worten aus meinen träumerischen Gedanken und zeigt auf ein Gebäude am Stadtrand von Dscharamana, welches er wiedererkannt hat. Er murmelt etwas vor sich hin und war auch dort schon mal gewesen. Ich kann es nicht richtig verstehen und kümmere mich auch nicht weiter darum.

Wir kommen zu dem Flüchtlingslager, das auf der rechten Seite von uns liegt, und überqueren das große Autobahnkreuz.

Bis zum Ende der Autobahn in zirka zwei Kilometern gibt es mehrere Institute und Fakultäten der Universität von Damaskus. Als wir an der Kreuzung zur Ringstraße um die Altstadt ankommen, biege ich die Straße nach rechts ab.

Mein Fahrgast erkennt auf der linken Seite das alte jüdische Viertel.

„Hier bin ich auch einmal gewesen“, legt er gleich wieder los.

Nach 1946 dämmerte das seit Jahrhunderten bewohnte und belebte Viertel lange Zeit vor sich hin. Die früheren Bewohner hatten Damaskus verlassen, nachdem in den Jahren nach 1950 jüdisches Eigentum nach und nach von offiziellen Stellen beschlagnahmt wurde. Viele der einst prächtigen Häuser verfielen und waren in einem schlechten Zustand. Erst einige Jahre vor diesem Krieg begann man unter Aufsicht des Regimes als Prestigeobjekt mit der Restaurierung und dem Wiederaufbau im jüdischen Viertel.

Seit Jahrhunderten lagen Wohnviertel wie muslimische, christliche und jüdische in Damaskus eng nebeneinander. Man lebte über die Jahrhunderte zusammen in einer Stadt.

Mein Mitfahrer entdeckt auf der linken Seite das antike Osttor (Bab Sharqi), das einzige erhaltene Stadttor aus der römischen Epoche von Damaskus. Die Römer hatten es der Sonne geweiht und nannten es deshalb Sonnentor. Dahinter erstreckt sich das christliche Viertel des Zentrums.

„Hier habe ich Schlimmes erlebt“, lärmt mein Kunde ganz aufgeregt neben mir.

„Im Gebäude hinter dem Tor befindet sich eine Kirche. Dort durfte ich einmal an einem Abendkonzert teilnehmen“, poltert er.

Bab Sharqi – Römisches Osttor in der Altstadt (Irahim Doudieh, 2018)

„Viele waren zu diesem Abend gekommen“, erzählt er weiter, „und einige konnten nur von draußen der Musik zuhören. Im Innenraum bemerkte ich, als ich noch auf der Bühne stand, unter den Zuhörern plötzlich einige Wortgefechte und Rangeleien. Gegen Ende des Konzerts steigerten sich die Auseinandersetzungen zu handgreiflichen Streitereien, in die verschiedene Gruppen involviert waren.“

Warum erzählt er mir jetzt diese Geschichten aus lang zurückliegender Zeit? Was soll das?

Ich kenne den Ort sehr gut und weiß, dass es dort über das Jahr hinweg mehrere, immer gut besuchte Veranstaltungen gab und immer noch einige gibt.

„Ich bin direkt von der Bühne zu den Streitenden, die sich wütend und immer lauter anschrien, gegangen“, fährt mein Gast neben mir fort.

„Ich wollte sie beruhigen und die Auseinandersetzung schlichten. Plötzlich tauchte aus dem Nichts heraus eine Truppe von Polizisten auf. Ich konnte sie nicht einordnen. Heute weiß ich, dass es eine Spezialtruppe gewesen ist.“

Mir ist immer noch nicht ganz klar, warum der Kerl in meinem Auto mir das alles erzählt. Aber ich bin es ja gewohnt, auf meinen Fahrten von den Kunden die unterschiedlichsten Erlebnisse und Geschichten zu hören. Also entgegne ich nichts und folge weiter seinen Ausführungen.

„Die Uniformierten ergriffen einige der laut Brüllenden rechts und links neben mir. Ehe ich mich umsah, spürte ich mehrere Hände von hinten, die meine Arme brutal auf den Rücken rissen und meinen Kopf nach vorne drückten. Dann traf mich ein harter Schlag auf den Hinterkopf und benommen nahm ich nicht mehr richtig wahr, was weiter mit mir und um mich herum passierte. In der Zelle eines Polizeireviers kam ich nach einiger Zeit erst wieder zu mir. In dem kleinen Raum war ich mit zehn anderen eingepfercht, die sie bei dem Streit mitgenommen hatten. Unheimliche Typen. Ich konnte mich nur mühsam mit Zeichen und Handbewegungen mit ihnen verständigen."

Habe ich mich vielleicht doch in meinem Fahrgast getäuscht, überlege ich. Aber warum kommt er nach solchen gewaltsamen Erlebnissen wieder hierher zu einem Konzert?

Ohne Unterbrechung redet er weiter.

„Drei Tage habe ich in diesem Saustall, so waren die Zustände dort, verbringen müssen. Es roch überall bestialisch. Nur spärliches Tageslicht fiel durch eine Luke von oben in den Raum. Wir waren im Untergeschoss des Gebäudes. Einmal am Tag gab es Wasser und trockenes Brot. Die hatten sie ja nicht alle, diese Verbrecherbande, ich hatte doch nichts getan", brüllt er schnaubend vor sich hin.

Dieser Trottel hat wohl bis heute nichts verstanden, befürchte ich. Dem ist nicht klar, wer hinter solchen Aktionen steckt. Schon damals überwachte das Regime das Leben der Menschen.

Er erzählt ohne Pause weiter, dass einige in zeitlichen Abständen während der drei Tage von Wärtern abgeholt wurden. Als sie wieder zurückkamen, war ihr Gesichtsausdruck starr. Sie waren wie gelähmt und sprachen kein Wort. Mit irgendeiner Sache hatte man sie brutal eingeschüchtert. Er selbst hatte nur Glück, dass er sich als Ausländer ausweisen konnte, der hier in der Stadt war, weil er als Musiker an einem Konzert mitwirkte.

Inzwischen nähern wir uns einer der Brücken über den Barada. Ich fahre verkehrsbedingt langsam auf die Mitte der Brücke und muss einen Moment dort stehen bleiben. Links an dem Gitter entdecke ich zwei der Jungs aus der Gruppe der Namenlosen, die ich vor einigen Tagen angetroffen hatte. Ich wollte doch etwas für sie tun und mich in dem Kinderdorf erkundigen, fällt mir schlagartig ein.

Ich sehe, wie sie sich wieder einmal mit den verfluchten Plastikbeuteln vor dem Mund betäuben, um ihr Leben auf der Straße ertragen zu können. Mein Gewissen plagt mich, da ich bisher nicht dazu gekommen bin, ihnen zu helfen.

Ich kann den Anblick dieser armen Wesen, die auf der Straße hausen, nicht ertragen. Ich wende meinen Blick nach rechts weg und starre in das ausdruckslose Gesicht dieses Musikers.

Was ist das für ein Leben in dieser Stadt, schwirrt es mir durch den Kopf. Links arme Teufel, in ihren noch jungen Jahren ohne Zuhause, ohne Essen, vom Hunger gequält, hilflos, getreten und geschlagen, von vielen verachtet und vergessen, an giftigen Plastikbeuteln Trost suchend.

Und neben mir ein Fahrgast, der die namenlosen, armen Geschöpfe nicht einmal wahrnimmt, der nichts als seine Konzerte und das schöne luxuriöse Leben im Kopf hat. Er wird sich gut dafür bezahlen lassen, in dieses Land zu kommen, verbunden mit allen Risiken für ihn selbst.

Ich ertrage diese ungeheuren Gegensätze nicht.

Dieser Idiot neben mir hat keine Antenne für die Verzweiflung der Vergessenen am Straßenrand. Er lässt sich von mir durch die Stadt zu einem Konzert chauffieren und sieht nur die Orte, an die er sich erinnert, und quatscht mich damit voll.

Ist ihm überhaupt bewusst, wen er damit unterstützt? Das Regime nutzt jede sich bietende Gelegenheit, um nach außen Normalität zu suggerieren. Am liebsten würde ich ihn aus meinem Wagen werfen. Aber auch solche Menschen muss ich als Taxifahrer mit meiner Arbeit ertragen.

Wir fahren weiter zur großen Kreuzung, an der ich nach links abbiege, um endlich in Richtung unseres Ziels Opernhaus zu kommen. Am Tahrir Square muss ich dann zunächst nach rechts fahren. Auch hier plappert mein Musiker neben mir irgendetwas vor sich hin.

Ich überlege mir, wer ihn wirklich nach Damaskus eingeladen hat, und höre ich ihm gar nicht zu.

An der nächsten Kreuzung geht es in die breite Straße nach rechts. Ich muss an die Kinder am Barada denken. Hoffentlich bin ich die Gestalt neben mir bald los!

In einem Bogen fahre ich um das Zentrum herum und komme endlich am National Museum vorbei auf die stark befahrene Straße in Richtung Opernhaus. Kurz vor dem Kreis erkennt mein Gast das Operngebäude auf der linken Seite.

„Hier ist auch das Institut für Musik und Theaterkunst, an dem viele Schauspieler und Musiker ausgebildet werden“, höre ich ihn gleich protzig.

„Es wurde im Jahr 2004 eröffnet und ich war vor dem Krieg mehrere Male dort“, prahlt er weiter mit seinem Wissen.

Ich brauche deine Aufklärungslektion nicht, denke ich. Jetzt noch die sechste Ausfahrt in dem großen Rund und ich habe es geschafft.

Das Kulturzentrum liegt direkt am Fluss Barada, den ich ein weiteres Mal überqueren muss, um zum Opernhaus zu gelangen.

Mein Gast ist aufgeregt.

Irgendwie kann ich ihn immer noch nicht richtig einschätzen nach der längeren Fahrt.

Er erkundigt sich, was er zahlen müsse.

Ich nenne eine Summe in syrischer Lira. Er kramt daraufhin in seiner Tasche herum.

Schnell zieht er einige Scheine hervor und hält sie mir unter die Nase.

„Das wird wohl nicht reichen“, bemerkt er mit fragendem Blick.

„Ich hatte am Flughafen keine Gelegenheit, um mehr syrisches Geld zu wechseln. Kann ich dir auch Euro geben?“

Ich nicke zustimmend.

Er greift in die Innentasche seines edlen Sakkos und reicht mir einige Euro-Scheine rüber.

„Ist das so in Ordnung mit Trinkgeld?“

Ich schaue ihn überrascht an.

Das ist viel mehr, als ich für eine solche Fahrt berechnen würde, denke ich still für mich.

Ist er jetzt nur großzügig oder kann er es nicht einschätzen, was man damit alles in Damaskus und Syrien kaufen kann?

„Oh, vielen Dank“, stottere ich verlegen, während ich die Scheine in Empfang nehme.

Ich springe aus dem Wagen, um ihm den Kofferraum zu öffnen. Er steigt aus und kommt schnell nach hinten zu mir, sein Blick auf mich gerichtet. Was wird jetzt folgen, überlege ich.

„Es hat Spaß gemacht, mit dir zu fahren. Deine Telefonnummer habe ich ja. Ich werde dich weiterempfehlen und mich melden, wenn ich wieder ein Taxi für eine Fahrt brauche. Vielen Dank und noch einen schönen Tag!“

Ich schaue ganz verdutzt und glaube meinen Ohren nicht. Aber sein freundliches Lächeln bestätigt seine für mich überraschenden Worte.

Er reicht mir die Hand, verabschiedet sich nochmals und eilt freudig auf den Eingang des Opernhauses zu. Ich schließe den Kofferraum, schaue ihm noch nach und steige mit zufriedenem Gefühl wieder in meinen Wagen ein.

Ein wirklich guter Tag, was den Verdienst angeht, sage ich genüsslich zu mir. Vielleicht habe ich den Musiker auch falsch eingeschätzt. Wer weiß.

Ich wende mein Gefährt auf dem Platz vor dem Gebäude. Wenn ich die Kinder am Barada erneut sehe, will ich ihnen den heutigen Tag wenigstens mit etwas Essbarem erleichtern. Ich fahre langsam los und halte Ausschau nach einem Bäcker.

Ehemaliger römischer Jupiter-Tempel nahe der Umayyaden-Moschee in Damaskus (Ibrahim Doudieh, 2017)

Ich, Ahmed aus Damaskus

انا احمد من دمشق

Sie begleiten mich mit meinem Taxi nun bereits auf einigen Fahrten, mit denen ich Sie durch meine Stadt Damaskus und durch mein Land Syrien führe.

Zu Beginn haben Sie sich vielleicht gedacht, was kann und will ein Taxifahrer uns erzählen. Sicherlich fragen Sie sich auf dem Weg mit mir zwischendurch auch, warum ich diese Geschichten erzähle.

Es sind alltägliche, manchmal absurde, aber eben auch traurige Ereignisse, die wir hier täglich erleben, mit denen die Betroffenen leben müssen und die uns ständig begleiten.

Ich bin jeden Tag viele Stunden unterwegs und muss immer wieder das Leid und Elend sehen, das zahllose Menschen hart getroffen hat.

Den einzelnen selbst trifft dabei keinerlei Schuld. Sie sind die Opfer dieses abscheulichen, undurchsichtigen und verworrenen Krieges in unserem Land. Verschiedene Gruppen kämpfen gegeneinander.

Andere Staaten und Regime tragen ihre Interessenskonflikte auf dem Rücken des syrischen Volkes in unserem Land aus. Millionen wurden dadurch vertrieben, mussten aus ihrer Heimat fliehen. Sie haben alles verloren. Sehr viele sind in anderen Ländern auf der ganzen Welt gelandet.

Aber es gibt auch Unzählige, die nicht weggehen konnten oder auch wollten. Sie harren hier im Elend aus und versuchen, mit den katastrophalen Verhältnissen zurecht zu kommen.

Täglich sehe und treffe ich diese Menschen auf meinen Wegen. Ich erinnere mich an sehr viele Tage, an denen ich dies kaum ertragen kann. Oft stelle ich mir die Frage, was das für ein Leben ist und welchen Sinn es hat. Ich kämpfe dann mit mir, damit ich an dieser gnadenlosen Realität nicht verzage.

Unter den schwierigen Bedingungen, in denen wir leben, möchte ich diesen Menschen ein wenig helfen, so gut wie ich es kann, damit sie den Lebensmut nicht verlieren, damit sie einen kleinen Hoffnungsschimmer spüren in dieser trostlosen Zeit.

Ich kann die düsteren Gegebenheiten in meiner Stadt und in unserem in vielen Regionen zerstörten Land nicht ändern. Ich kann das Ganze auch nicht mehr wirklich verstehen. Aber ich möchte einen, wenn auch kleinen Beitrag dazu leisten, dass die Menschen und ihr unermessliches Leid nicht vergessen werden vom Rest der Welt.

Auch wenn viele Geschichten, die ich auf meinen Fahrten erlebe, furchtbar sind, will ich sie hier dennoch erzählen und mit Ihnen teilen. Ich hoffe sehr, Sie folgen mir trotzdem auf meinem Weg. Es ist unsere Realität. Es ist unser Alltag, das tägliche trostlose und schwierige Leben dieser Menschen in Syrien und Damaskus. Es ist unser jetziges Leben in einem zerrissenen Land.

Ich wünsche mir sehr, dass diese Geschichten etwas bewirken können und dass wir eines Tages wieder zu einem normalen Leben finden können.

Wir setzen die Fahrt durch Damaskus fort. Ich nehme Sie gerne weiter mit durch die Gegenwart der Menschen in Syrien.

انا احمد من دمشق

(Ich, Ahmed aus Damaskus)

رافقني بسيارة أجرة في عدة رحلات عبر مدينتي دمشق وعبر سوريا .في البداية ربما تكون قد فكرت في ما يمكن لسائق سيارة الأجرة أن يخبرنا به .في الطريق معي ، سوف تسأل نفسك بالتأكيد لماذا أخبر هذه القصص. هذه أحداث فظيعة نشهدها هنا كل يوم ، ويتعين على المتضررين مواجهتها والتي نواجهها باستمرار. أنا في طريقي لعدة ساعات كل يوم وأضطر إلى رؤية المعاناة والبؤس اللانهائيين التي أثرت على عدد لا يحصى من الناس .ليس خطأها .إنهم ضحايا هذه الحرب القاسية والمبهمة والمربكة في بلدنا .مجموعات مختلفة تقاتل ضد بعضها البعض. الدول والأنظمة الأخرى تنفذ تضارب المصالح على خلفية الشعب السوري. تم تهجير الملايين واضطروا إلى الفرار من وطنهم .لقد فقدت كل شيء . هبط كثير منهم في أوروبا. ولكن هناك أيضًا عدد لا يحصى من الأشخاص الذين لم يتمكنوا من المغادرة أو لم يرغبوا في المغادرة .إنهم يتحملون هنا البؤس ويحاولون بطريقة ما التغلب على الظروف المأساوية .أرى وألتقي بهم كل يوم

هناك العديد من الأيام التي لا أستطيع الوقوف فيها .كثيرا ما أسأل نفسي ما هو نوع الحياة ، ما هو معنى ذلك. ثم أقاتل مع نفسي حتى لا أتخلى عن هذا الواقع. في ظل الظروف الصعبة التي نعيش فيها ، أود أن أساعد هؤلاء الناس قدر استطاعتي ، حتى لا يفقدوا شجاعتهم في العيش ، بحيث يشعرون

ببصيص امل في هذا الوقت القاتم. لا أستطيع تغيير الظروف القاتمة في بلدنا .لم أعد أستطيع فهمهم أيضًا. لكنني أريد أن أقدم مساهمة حتى لا ينسى بقية العالم الناس ومعاناتهم التي لا تُحصى .من المؤكد أن بعض القصص التي أختبرها وأسمعها في رحلاتي يصعب تحملها .إنها فظيعة ورهيبة .إنها قاسية ووحشية ومؤلمة. غالبا ما يكونون غير إنسانيين .ما وراء خيال معظمنا .ومع ذلك ، أريد أن أقول لهم هنا ومشاركتها معك . أرجو أن تتبعني في طريقي على أي حال .هذا هو واقعنا .إنها حياتنا اليومية ، الحياة اليومية القاتمة والصعبة لهؤلاء الناس في سوريا . إنها حياتنا الحالية في بلد مزقته الحرب بالكامل . آمل أن تحدث هذه القصص فرقًا وأن نجد حياة يومًا ما مرة أخرى .نواصل الرحلة عبر دمشق .أود أن آخذك معي أكثر من خلال وجود الناس في هذه المدينة

„Warten auf den Tod“
(Tahani Munawar, 2019)

Vergiftete Luft

In den nächsten Tagen soll in Syrien in der Hauptstadt Damaskus und einigen Randgebieten ein größeres Treffen mit Vertretern aus verschiedenen Ländern stattfinden. Worum es bei der internationalen Konferenz im Hotel „Four Seasons" genau geht, ist nicht bekannt. Allein die pure Ankündigung dieser Tagung spricht sich unter uns Taxifahrern sehr schnell herum, bietet eine solche Veranstaltung doch lukrative Geschäfte.

Das Hotel, mit seinem imposanten und weitläufigen Gebäude, liegt zentral an der großen Straße, die parallel zum Fluss Barada verläuft, einige hundert Meter nach der Assad-Brücke. Gegenüber befinden sich das bekannte Nationalmuseum und das Tourismus-Ministerium. Die Altstadt mit der mächtigen mittelalterlichen Zitadelle, der bekannten Umayyaden-Moschee und die viel besuchte Markthalle, der Souk al-Hamadiya sind in nur wenigen Minuten zu erreichen. Bei den ausländischen Gästen ist das von zwei Grünanlagen eingerahmte Fünf-Sterne-Haus sehr beliebt. Es finden in regelmäßigen Abständen über das Jahr hinweg einige größere Veranstaltungen und Tagungen dort statt, denen wir Taxifahrer natürlich immer wieder entgegenfiebern.

Wenn ich dann einen der begehrten Warteplätze ergattern kann, die für die Taxis an der Straße vor dem Hotel reserviert sind, ist der Tag für mich und mein Geschäft gerettet.

Manchmal gibt es schon direkt am frühen Morgen unter den Taxifahrern einen regelrechten Wettlauf um die besten Plätze. Wenn jemand dann eine größere Fahrt hinter sich hat, lässt er gerne auch einmal die anderen zum Zug kommen.

Heute scheint es ein guter Tag zu werden. Ich habe Glück und kann mich direkt an fünfter Stelle in die Warteschlange einreihen.

Ein Hotelangestellter in Uniform kommt in unterschiedlichen Zeitabständen durch den Haupteingang nach draußen an die Straße mit einem Auftrag. In einigen Fällen gibt es auch größere Touren.

Dann hüpft das Taxifahrerherz, denn nicht an jedem Tag gibt es für die vielen Taxis in der Stadt genügend Kunden und lukrative Fahrten. Oft müssen wir uns mit kleineren Touren und Aufträgen begnügen. Und die Kosten für den Unterhalt des Wagens liegen uns allen schwer auf den Schultern, da wir, wie bereits zu Anfang gesagt, alle auf uns allein gestellt sind und niemand einen festen Arbeitsvertrag oder ein sicheres Einkommen hat. Eine zentrale Vermittlungsstelle gibt es auch nicht.

Nach kurzer Wartezeit stehe ich mit meinem Wagen am Beginn der Schlange. Ein Portier winkt mir vom Portal aus zu. Ich solle in die Hotelhalle kommen. Ein Mann in edlem, blauem Anzug mit roter Krawatte, der mit der Organisation des Treffens beauftragt ist, ruft mich zu sich. Er erklärt mir, dass einer der Teilnehmer namens Michail in zirka zehn Minuten aus einem Gespräch kommen werde. Dieser Teilnehmer müsse zunächst im Norden der Stadt jemanden abholen, um mit ihm zu einem weiteren Meeting zu fahren.

Er fordert mich auf, den Namen des Fahrgastes aufzuschreiben. Ich bin unsicher, ob ich diesen richtig verstanden habe. Ich habe dies noch nie in Englisch geschrieben und stutze.

„Schaffst du das oder muss ich dir auch noch helfen?“, schreit der gestresste Manager gleich ungehalten und wirft mir ein leeres Blatt entgegen.

„Ich kann den Auftrag auch an einen anderen vergeben“, setzt er noch eins drauf.

Ich schreibe den Namen, so wie ich diesen verstanden habe, in arabischen Zeichen auf das Blatt, von rechts nach links. Der im blauen Anzug schaut mir kritisch dabei zu und wedelt nervös mit seinem Plan in der Luft.

„Na, wird das was mit dir?“, blökt er weiter.

„Ich muss mich darauf verlassen können", folgt in rüdem Ton.

„Du kannst dann dort drüben warten", zeigt er unfreundlich auf die Sitzgruppe vor der Fensterfront gegenüber der Rezeption.

So ein arroganter Schnösel, denke ich mir. Der ist doch total überfordert mit dem großen Treffen. Ich gehe zu der Sitzgruppe und beobachte das Treiben in diesem Luxusschuppen.

Ich komme mir dabei vor wie in einer anderen Welt, weit weg von den Geschehnissen in der Stadt und außerhalb. Die Uhren scheinen hier total anders zu ticken. Man hat das Gefühl, an einem anderen Ort zu sein.

Die Zeit vergeht und es tut sich nichts. Mir bleibt nur, geduldig zu warten.

Der Überforderte in Blau läuft geschäftig mit seinem Smartphone in der Halle herum. Er telefoniert aufgeregt mit allen möglichen Leuten. Es gibt wohl Probleme.

Nach einer halben Stunde kommt Hektik in der Halle auf. Die Bediensteten des Hotels stehen stramm vor dem Kommandierenden und erwarten seine schroffen Anweisungen.

Eine Gruppe Männer kommt mit lauter Unterhaltung aus dem Aufzug. Sie diskutieren heftig in einer anderen Sprache, die ich nicht verstehen kann.

Der Organisator gibt mir unwirsch ein Zeichen. Ein korpulenter, größerer Kerl kommt auf mich zu.

Meiner Einschätzung nach ist er aus Russland. So klang auch der Name.

Er grüßt nur kurz auf Arabisch, mustert mich mit mürrischen Blicken und folgt mir hektisch nach draußen zu meinem Wagen. Zum Glück versteht er arabisch, denke ich, denn ich kann kein russisch.

Wir fahren los. Er greift sofort zu seinem Smartphone und unterhält sich aufgewühlt mit jemandem.

Ich verstehe nur einzelne Bruchstücke, denen ich aber entnehmen kann, dass es bei dem internationalen Treffen im „Four Seasons“ auch um den Giftgasangriff im Norden von Syrien geht. Verschiedene Länder wollen eine genauere Untersuchung und Aufklärung, wer für diesen Angriff verantwortlich sei, soviel kann ich verstehen.

In dem Moment fällt mir ein anderer Fahrgast ein, der aus der umkämpften Region um Idlib kam. Er war vor einiger Zeit mit mir gefahren und wollte zu Freunden. Er berichtete mir von dem schlimmsten Tag in seinem Leben.

„Ich war“, begann er aufgewühlt, „mit einem Auftrag bei einer Firma einige Kilometer entfernt, als wir von einem Angriff auf die Ortschaft hörten, in der ich mit meiner Familie wohnte. Wir hatten bei der Arbeit nichts davon mitbekommen, machten uns aber große Sorgen. Als ich am Nachmittag endlich nach Hause kam, fand ich das absolute Chaos vor. Es übertraf alle meine Befürchtungen. Auf der Straße und auf den Gehwegen lagen viele Menschen herum wie von einem Sturm umgeworfen. Der Anblick war kaum zu ertragen."

Der Mann stotterte und konnte nicht weiterreden. Es brauchte eine ganze Weile, bis er sich wieder gefasst hatte. Ich saß wie gelähmt am Steuer.

„Man kann sich kaum vorstellen, was ich zu sehen bekam" fuhr er fort.

„Aufgerissene, starre Augen, weißer Schaum aus offenen Mündern, weiß-blau angelaufene, fahle Gesichter, im Todeskampf gekrümmte Körper. Ich konnte den Anblick kaum aushalten. Überall lagen welche herum."

Als ich dann zu ihm rüber schaute, bemerkte ich, dass sich alles in ihm zusammenkrampfte und er heftig mit sich kämpfen musste.

„Die meisten Häuser in der Straße waren unversehrt", fuhr er mit stockender Stimme fort.

„Es musste etwas anderes, ganz Schreckliches geschehen sein. Ich wehrte mich gegen den furchtbaren Gedanken."

„Ich sah Menschen, die am ganzen Körper zitterten. Andere liefen mit entsetzlicher Atemnot und Krämpfen herum. Ich sah tote Kinder, äußerlich unverletzt, umgebracht und aus ihrem jungen Leben gerissen auf heimtückische Weise. Sie alle hatten keine Möglichkeit, sich zu schützen. Sie hatten keine Chance, sich in Sicherheit zu bringen und dieser Hölle zu entkommen.

Mir wurde klar, dass es ein Angriff mit Giftgas gewesen sein muss. Wer ist zu solchen Abscheulichkeiten fähig? Warum macht jemand so etwas Furchtbares?“, schluchzte er erbärmlich. Ich hörte ihm damals wie gelähmt zu.

Ich schaue zu meinem russischen Kunden, der eifrig mit seinem Smartphone zugange ist. Im Kopf diese Schilderung des früheren Fahrgastes, der einen abscheulichen, kriegsverbrecherischen Einsatz von Giftgas erlebt hatte.

Und jetzt dieser Russe in meinem Wagen, der einer Delegation angehört, die einen unsäglichen weiteren Vorfall aufklären will. Ich bin gespannt, ob und was er weiter darüber zu erzählen hat.

„Ich bin ja kein Experte in Sachen Giftgas“, höre ich ihn in sein Handy erklären.

Aus dem weiteren Gespräch entnehme ich, dass er zu der Delegation im „Four Seasons“ als Übersetzer eingeladen ist. Bisher wisse man nicht genau, wer für den Angriff auf die Zivilisten verantwortlich sei, kann ich seinen Äußerungen entnehmen.

Das habe ich auch gehört und in den Medien gelesen. Der Unfreundliche neben mir glaubt jedoch, soviel kann ich aus seinem Wortschwall aufschnappen, dass die Aufständischen hinter dieser fiesen Attacke stecken. Die würden doch vor gar nichts zurückschrecken, gibt er seinem Gesprächspartner in der Leitung zu verstehen.

Jetzt weiß ich wenigstens, wohin du gehörst, denke ich mir. Es hätte mich auch sehr gewundert, wenn ein neutraler Beobachter zu diesem angeblich internationalen Treffen eingeladen wäre. Ich glaube, dass die sich nur einen Sündenbock suchen wollen, um von eigenen Aktionen abzulenken.

Es könnte sich doch auch um einen Anschlag von einer der vielen Gruppen handeln, die in unserem Land ihr Unwesen treiben, denke ich mir auf der Weiterfahrt. Aber jeder leugnet den völkerrechtswidrigen Einsatz von Giftgas und versucht, die Verantwortung anderen zuzuschieben.

Was ist das nur für eine Welt? Eine Delegation im Luxushotel. Und was kommt dabei heraus?

Die Wahrheit? Ich habe da große Zweifel.

Mein Fahrgast räuspert sich.

„Hier muss es sein!“, höre ich ihn.

Der kennt sich wohl aus. Wir fahren auf ein kleineres, unbekanntes Hotel zu.

„Ja, das ist es. Anhalten“, sagt er forsch.

Wie du meinst, denke ich.

So ein unfreundlicher Zeitgenosse!

Er steigt ohne weitere Erklärung aus, verschwindet durch die Eingangstür in dieses Hotel und ich stehe da und weiß nicht, wie lange ich hier stehen bleiben und warten soll.

Was soll ich jetzt machen?

Wie lange wird das gehen?

Und wer zahlt am Ende die ganze Tour?

Mir bleibt nichts anderes übrig, als darauf zu warten, was passieren wird. Nach etwa zwanzig Minuten wird die Eingangstür des Hotels aufgerissen. Dieser Michail stürzt vor Wut schnaubend die fünf Stufen hinunter und rennt auf meinen Wagen zu.

„Zurück ins Hotel!“, schnauft er mich an.

„Gerne!“, spotte ich mit einem Grinsen zurück und denke mir, geschieht euch recht, was auch immer da drinnen schiefgegangen ist.

Diese Menschen kommen hierher und denken, sie können machen, was sie wollen.

Innerlich tobe ich.

Wie viele tragen ihre Konflikte auf unserem Rücken in unserem Land aus. Wir können den ganzen Scheiß dann ausbaden. Die kümmern sich anschließend einen Dreck darum.

Und die vielen menschlichen Katastrophen.

Mir wird schlecht bei dem Gedanken.

Direkt neben mir im Taxi geht das in dem kleinen Hotel wohl stattgefundene Drama telefonisch weiter. Mein Fahrgast redet sich derart in Rage, dass ich nichts mehr verstehen kann.

Da haben wohl einige quergeschossen und euer super ausgedachter Plan ist nicht aufgegangen, lästere ich für mich.

Sollte der Kerl nicht noch jemanden abholen?

„Fahr schneller, ich habe keine Zeit!“, faucht er an seinem Handy vorbei. Da scheint es ja richtig zu brennen. Vielleicht haben sie die wahren Täter des grausamen Angriffs entlarvt. Und nun geht es nur um Schadensbegrenzung. Das kennen wir doch.

Der wirklich entstandene Schaden und das Leid bei den Menschen und die dabei Umgekommenen interessieren die Delegationsteilnehmer nicht.

Ich könnte kotzen.

Vor mir stockt der Verkehr.

Wir stehen im Stau und es geht nicht weiter. Wie so oft um diese Tageszeit geht vorne an dem Verteilerkreis nichts mehr voran.

„Was ist jetzt wieder los?“ flucht der Russe neben mir. „Hier klappt aber auch gar nichts!“

Jetzt zeigt er sich auch noch von seiner arroganten Seite. Wie kann er sich ein solches Urteil erlauben? Er hat doch keine Ahnung und ist nur die wenigen Tage hier in Damaskus.

Ich muss an meinen früheren Fahrgast aus dem Norden denken und was er durchgemacht hat. Am Ende fand er seine ganze Familie, Frau und die vier Kinder, hinter seinem Haus dahingerafft von dem abgeworfenen Giftgas.

Wenn ich mir überlege, an wie vielen Orten es zu solchen Einsätzen gekommen ist, packt mich die reine Wut. Und der neben mir hat nur eines im Sinn, die Verantwortung woanders abzuwälzen.

Als wir nach einer dreiviertel Stunde endlich vor dem „Four Seasons“ ankommen, wirft er mir einen größeren Schein hin.

Ohne einen Ton zu sagen flüchtet er aus meinem Auto und rennt panisch in die Halle des „Four Seasons“. Ich atme tief durch.

Immerhin hat er gut gezahlt für die Tour. Ich überlege kurz, ob ich mich nochmals in der Warteschlange an der Straße vor dem Hotel einreihen soll für einen weiteren Auftrag.

Ich verwerfe den Gedanken gleich wieder und lasse lieber den anderen Taxifahrern die Chance. Wer weiß, ob sie schon einen solchen Auftrag hatten wie ich. Mir sollte dies für heute genügen. Für etwas zu essen dürfte es reichen. Ich fahre vom Hotel aus in den Westen der Stadt.

„Hinter Gittern“
(Tahani Munawar, 2019)

Den Gittern entkommen

Es ist heute ein warmer sonniger Werktag. Ich gondele ganz entspannt durch meine Stadt Damaskus. Ich hatte in den vergangenen Tagen einige längere Touren mit sehr großzügigen Kunden und bin zufrieden. Für die nächsten zwei Wochen ist die Haushaltskasse der Familie gefüllt.

Da die Straße, auf der ich mich befinde, einen Knick macht, muss ich nach links abbiegen. Geradeaus erstreckt sich eine verkehrsfreie Zone, die drei Stufen höher gelegen ist, mit zahlreichen Geschäften für den täglichen Bedarf. An dieser Stelle habe ich mehrmals Kunden abgeholt, die ihre Einkäufe getätigt hatten.

Schon von weitem fällt mir eine Frau auf. Sie sitzt gekrümmt auf der oberen Stufe und beobachtet mit scheuen, unruhig zuckenden Blicken die Menschen und die vorbeifahrenden Autos.

Als ich näher zu ihr komme, reißt sie plötzlich die Arme hoch und winkt mir. Sie erhebt sich ruckartig, wirft ein kleines Bündel in einem Tuch zusammengebunden über die Schulter und setzt vorsichtig einen Schritt auf die Straße. Mit der freien Hand winkt sie mir aufgeregt zu.

Ihr Verhalten kommt mir nicht so vor wie bei üblichen Kunden. Sie sieht sehr erschöpft und abgemagert aus. Sie erscheint mir seltsam.

Was soll ich machen, überlege ich kurz.

Vor mir blockieren zwei andere Autos die Fahrbahn. Ich muss abrupt bremsen und anhalten.

Die Frau bewegt sich auf mein Taxi zu. Ich springe aus dem Auto und rufe laut über das Dach, wohin sie möchte. Sie winkt mit Gesten ab und gibt mir zu verstehen, zuerst einmal einsteigen zu wollen.

Warum nicht, denke ich, zeige auf die Beifahrertür mit der Bitte vorne einzusteigen.

Schnell steigt sie in den Wagen ein und lässt sich wie von einer schweren Last niedergedrückt auf den Sitz fallen, ihr Bündel mit zwei Händen fest umklammert auf dem Schoß. Zunächst scheint sie nicht in der Lage zu sein, irgendetwas zu sagen und deutet mir an einfach loszufahren.

Ich habe den Eindruck, sie will nur weg von hier, von was auch immer.

Da fällt mir ein, dass es einige hundert Meter von dieser Straße entfernt eine berüchtigte Station der Geheimpolizei gibt.

Ja, auf der anderen Seite der Fußgängerzone hinter einem mächtigen Regierungsgebäude und von außen nicht einsehbar. Ich habe davon gehört und dass sich dort schreckliche Dinge ereignen. Wohl eines dieser berüchtigten Gefängnisse.

Die beiden Autos vor mir setzen sich wieder in Bewegung und ich fahre langsam hinterher. Die Frau neben mir starrt regungslos vor sich hin. Ich will sie in Ruhe lassen und sie nicht bedrängen.

Irgendwie beschleicht mich eine Ahnung, dass sie Schlimmes erlebt haben muss. Ihr ganzes Verhalten spricht dafür. Bedächtig fahre ich weiter.

Nach mehr als zehn Minuten Fahrt rührt sie sich langsam und schluchzt leise: „Ich bin vor drei Stunden aus dem Gefängnis entlassen worden, den Gittern entkommen."

Sie senkt den Kopf, vergräbt ihr Gesicht in beide Hände und weint still vor sich hin. Sie kann nicht weiterreden.

Ich schaue bedrückt zu ihr rüber und sage nichts. Sie weiß wahrscheinlich gar nicht, wohin sie überhaupt gehen soll oder will.

Ich denke an die vergangenen Tage, in denen das Geschäft gut lief, und sage mir: „Dann fahre ich heute mal so, ohne einen echten Auftrag, durch Damaskus. Der Frau geht es wirklich nicht gut."

Der Verkehr auf der Straße fließt an diesem Werktag nahezu normal. Das Treiben in der Fußgängerzone geht seinen Gang.

Dazwischen unbemerkte und harte Schicksale, geschundene und hoffnungslose Menschen, gebrochene Herzen, zerstörte Existenzen, trostlose Leben und Entbehrungen.

Mein Damaskus, wo bist du geblieben? Der Gedanke lässt mich erschaudern.

Meine Mitfahrerin richtet sich allmählich auf, wobei Tränen über ihre Wangen fließen.

„Entschuldigung, verzeih mir", flüstert sie kaum wahrnehmbar.

„Ich konnte mir bis gestern nicht vorstellen, dass ich jemals wieder einen blauen Himmel über mir sehen würde."

Unsicher schaut sie zu mir herüber.

Ich spüre ihre große Aufregung und Furcht.

„Wie heißt du, woher kommst du?", vernehme ich ihre angsterfüllte, zittrige Stimme.

„Ich bin Ahmed, der Taxifahrer aus Damaskus. Ich fahre tagein, tagaus durch diese Straßen und verdiene damit den Lebensunterhalt für meine Familie. Nenne mich einfach Ahmed!"

Ich sehe ihre kummervollen, unruhigen, unsicheren und von Angst erfüllten Blicke, die mich regelrecht durchbohren.

Sie ist misstrauisch. Was hat sie wohl alles durchgemacht und erlebt, dass sie so ängstlich und eingeschüchtert ist? Ich fahre schweigend weiter.

Nach einer ganzen Weile mustert sie mich nochmals genau und fängt leise an zu reden.

„Ich habe nichts mehr. Alles haben sie mir genommen und zerstört. Mein Zuhause. Meine Familie. Meine Kinder. Mein Leben. Ich weiß nicht, wohin ich gehen soll. Sie haben mir auch meinen Lebensmut und Stolz gestohlen. Ich weiß nicht, wie es weitergehen soll."

Was mache ich jetzt mit ihr, denke ich.

„Wie lange fährst du schon Taxi in Damaskus?", will sie mich weiter testen.

Ich kann ihre Bedenken regelrecht mit Händen greifen. Sie muss wohl Unvorstellbares durchgemacht haben.

„Ich bin seit sehr vielen Jahren mit meinem Wagen in und um Damaskus unterwegs. Es ist meine tägliche Arbeit. Ich ernähre damit meine Familie", entgegne ich ruhig, um ihr Vertrauen zu gewinnen.

„In der Stadt Duma leben weitläufige Verwandte von mir. Kannst du mich dorthin bringen?", fragt sie vorsichtig. Sie zieht einen kleinen Geldschein syrische Lira aus der Tasche.

„Ich habe nicht viel. Ich hoffe, das reicht für die Fahrt bis nach Duma?"

„Ja, mach dir keine Sorgen", nicke ich zustimmend. Sie reicht mir den Schein rüber mit den Worten: „Ich heiße Khadija, vielen Dank."

Sie scheint allmählich Zutrauen zu mir zu gewinnen. Ich biege auf die frequentierte Ausfallstraße Richtung Duma. Neben mir vernehme ich einen tiefen Seufzer der Erleichterung.

„Fast eineinhalb Jahre habe ich im Gefängnis verbracht“, beginnt Khadija zögerlich.

„Warum haben sie dich dort eingesperrt?“, frage ich vorsichtig.

„Ich habe es bis heute nicht wirklich verstanden warum. Ich kenne den wahren Grund nicht, ich weiß es nicht.“ Lange Pause!

„Wir hatten nichts getan. Mein Mann hatte lediglich an einer größeren Demonstration teilgenommen. Es gab viele davon. Ich weiß nicht, wo er ist, was sie mit ihm gemacht haben und ob er überhaupt noch am Leben ist. Sie kamen eines Tages und haben uns abgeholt. Seitdem habe ich nichts von ihm gehört“, schluchzt sie vor sich hin.

„Die Zeit im Gefängnis war fürchterlich und kaum zu ertragen. Sie haben uns allen Nummern verpasst, die wir an der Kleidung tragen mussten, und uns damit in Listen vermerkt. Wir wurden nur mit den zugeteilten Nummern angesprochen oder aufgerufen. Es war so, als ob sie damit unsere Existenz auslöschen wollten. Leblose Nummern, statt individuelle lebendige Wesen, das war unsere Identität.“

Ihre Stimme stolpert vor Aufregung bei ihren Schilderungen. Ich kann mir vorstellen, wie menschenunwürdig die Zustände im Bunker der Geheimpolizei gewesen sein müssen und wie ausgeliefert und hilflos man ist.

„Wir waren viel zu viele in einem dunklen Kellerraum eingesperrt. Am Anfang hatten einige ihre Kinder bei sich, die vor lauter Hunger und Angst fast den ganzen Tag weinten. Es war kaum zu ertragen. Die Wächter schrien die Mütter deswegen immer wieder an und nach wenigen Tagen wurden ihnen die Kinder weggenommen. Sie erklärten ihnen, sie in ein Waisenhaus zu bringen. Welch eine absurde Vorstellung. Hatte die Geheimpolizei den Tod der Mütter eingeplant?"

Tränen rinnen über ihre Wangen.

Ich blicke kurz zu ihr rüber.

Es ist ihr unangenehm, sich so vor mir, einem Fremden zu zeigen.

Sie schaut nach unten und fährt mit gesenktem Kopf und verhaltener Stimme fort.

„Manchmal kamen sie zu zweit, rissen die mehrfach verriegelte Tür des Kellerraums auf und standen protzig und breitbeinig im Türrahmen. Einer hatte eine Liste in der Hand, rief eine Nummer daraus in den Raum. Wenn sich nicht sofort eine von uns bewegte, brüllte er die Nummer ein zweites Mal, so laut er konnte. Wir verharrten wie versteinert. Dann nahmen sie die Aufgerufene ohne weitere Erklärung mit", erzählt sie aufgewühlt weiter.

Schweigend folge ich der geraden Ausfallstraße durch die nordöstlichen Außenbezirke der Hauptstadt Damaskus. Hier gibt es weit weniger zerstörte Häuser als in manch anderen Vierteln.

Es ist ein weiteres Schicksal, das in diesem, meinem Wagen vor mir ausgebreitet wird. Wie so oft bin ich der Erste, bei dem die furchtbar Gequälten und Eingeschüchterten sich trauen etwas zu erzählen. Der durch Blech und Glas geschützte Innenraum in meinem Taxi vermittelt während der Fahrt ein wenig Sicherheit und Abschirmung. Das ermutigt sie sicher, über das, was sie erlebt haben, zu sprechen, und es hilft ihnen ein wenig.

Sie fährt fort. „Fast täglich hörten wir laute, verzweifelte Schreie aus den Nebenräumen und über den langen Flur", tönt schmerzhaft ihre gebrochene Stimme zu mir herüber.

„Wenn eine dann zurückgebracht wurde, war sie manchmal kaum wieder zu erkennen. Kreidebleich im Gesicht. Vor Schrecken und Angst erstarrter Blick. Unfähig etwas zu sagen, sank sie neben uns zu Boden und regte sich stundenlang nicht. Wir litten jedes Mal alle mit. Jede von uns fragte sich, wer als nächste dran wäre oder wann sie selbst mitgenommen würde." Khadija schluchzt.

„Wir wurden geschlagen, getreten und gequält. Ziel der Tortur war es, aus den Einzelnen etwas herauszupressen. Meist wussten die Betroffenen nicht einmal, warum und weshalb sie gequält wurden."

Ihre Stimme versagt. Sie lehnt sich mit dem Kopf an die Fensterscheibe und schaut hinaus.

Ich glaube nicht, dass sie etwas von dem vorbeiziehenden Verkehr wahrnimmt. Ein anderer, entsetzlicher und brutaler Film spielt sich vor ihren Augen und in ihrem Kopf ab.

Wir nähern uns auf der großen Straße dem Ort Harasta, eine von Luftangriffen und Artillerie ausgebrannte und weitgehend zerstörte Stadt. Sie liegt gerade einmal einige Kilometer vom Zentrum von Damaskus entfernt.

Ich muss sehr vorsichtig fahren, da immer wieder Trümmerteile auf die Fahrbahn geraten.

Wir passieren ein früheres Wohnviertel, das von den Bomben vollkommen platt gemacht wurde. Man kann nur die Dachreste der ehemaligen Häuser und Satellitenschüsseln erkennen. Hier kann für sehr lange Zeit kaum jemand mehr wohnen.

Ich muss schlucken.

Meine Beifahrerin ist total in sich versunken und nimmt von all dem keine Notiz.

Ich hoffe, dass sie etwas Abstand gewinnen kann von ihren Erlebnissen.

Im Kreisverkehr fahre ich nach links weiter und kann den Stadtrand von Duma schon erkennen. Vor dem Krieg bin ich öfter dort gewesen. Aber die einst blühende Stadt wurde hart umkämpft und war lange eingeschlossen. Wie in manchen anderen Orten, zum Beispiel Yarmouk, sollten die Bewohner ausgehungert werden. Eine der schlimmsten Gewalttaten des Regimes gegenüber der eigenen Bevölkerung.

Die Stadt Duma hat sehr unter den heftigen Kämpfen gelitten. Viele Straßenzüge sind verwüstet. Ich bin mir nicht sicher, ob es vielleicht zu riskant und gefährlich ist, in die Stadt reinzufahren.

In letzter Zeit gibt es hier, wie auf vielen anderen Strecken, immer wieder willkürlich aus dem Boden gestampfte Kontrollpunkte. Korrupte Gruppen lauern dort nur darauf, jemanden abzukassieren, wenn er durchfahren will.

Kaum gedacht, taucht um die nächste Biegung kurz nach der Stadtgrenze ein solcher Kontrollpunkt auf. Ich drossle die Geschwindigkeit und sehe Uniformierte am Straßenrand vor einer Baracke.

Khadija wird ganz unruhig und blass.

Hilflos schaut sie aus dem Wagen.

Ich versuche sie zu beruhigen und sage: „Die wollen nur etwas von mir. Kennst du den Platz und die Straße, wo deine Verwandten wohnen?"

Sie nickt und schaut ängstlich nach vorne durch die Frontscheibe.

Als ich anhalte, stellen sich drei dieser korrupten Bande in den Weg mit Gesichtern wie aus Stein. Sie sind bewaffnet und zeigen dies deutlich.

Khadija zittert und wird noch nervöser.

Ein Vierter kommt auf meine Seite des Taxis und mustert uns und das Wageninnere.

Ich erkläre ihm durch das offene Fenster, dass ich die Kundin nach Duma zu ihren Verwandten bringe.

Mit finsterem Blick schaut er in den Fahrerraum und fragt mürrisch: „Was hast du sonst noch in deinem Wagen?"

„Ich habe nichts, ich bin wie üblich bei meiner Arbeit als Taxifahrer", antworte ich kurz.

Mit lauten Schritten stampft er einmal um den Wagen herum, schaut durch die Scheibe auf den Rücksitz und kommt zu mir.

„Steig gefälligst aus und öffne deinen Kofferraum! Ich will sehen, was du darin versteckt hast!“, sagt er in harschem Ton.

Ich folge ihm, bewege mich nach hinten und hebe die Klappe wie gewünscht.

Der Uniformierte beugt sich hinein und sieht den Kanister, den ich von Salah erhalten hatte.

Oh Gott, den habe ich im Kofferraum gelassen.

„Was ist da drin?“

„Was machst du damit?“

„Was ist das?“, schreit er mich an.

Zum Glück habe ich den Inhalt vor einigen Tagen in den Tank gefüllt.

Mit grimmigem Blick schüttelt er den Kanister und nimmt ihn einfach mit.

Protest ist zwecklos, denke ich.

Jetzt muss ich wieder ohne Reserve fahren, wenn erneut eine Rationierung verhängt wird.

„Du kannst hier nicht weiterfahren, es dürfen nur Fahrzeuge mit einer Erlaubnis in die Stadt hinein“, brummt er mich an.

„Die Frau da muss zu Fuß weitergehen zu ihren Verwandten in der Stadt.“

Khadija sitzt ängstlich auf dem Beifahrersitz und schaut mit verzweifeltem Blick dem Treiben draußen zu. Sie bebt am ganzen Körper.

„Kann sie denn ohne Gefahr weiter durch die Stadt gehen?“, frage ich unsicher.

„Wir haben hier alles im Griff und die Stadt Duma von den Terroristen und Verbrechern befreit“, antwortet er mit arrogantem Ton.

„Seitdem wir die Stadt wieder unter unserer Kontrolle haben, herrscht hier Ordnung. Wir haben überall Wachposten in den Straßen. Sie muss nichts befürchten, wenn sie zu ihren Verwandten gehen will. Bürgst du für sie?“

Habe ich mir doch gleich gedacht, dass am Ende wieder Geld im Spiel ist.

Diese Schweine!

Der grimmige Chef dieser Gruppe gibt den anderen ein Zeichen und verschwindet ohne weitere Worte mit meinem Kanister in der Baracke am Fahrbahnrand.

Ich knalle wütend den Kofferraum zu und steige vorne wieder ein.

Die drei Bewaffneten stehen regungslos wie Granitsäulen vor meinem Wagen und haben uns fest im Visier. Was kommt jetzt?

Khadija zuckt hilflos mit den Schultern und schaut mich verzweifelt an.

„Was soll ich tun?“, winselt sie.

Sie kramt in ihrem armseligen Bündel herum und zieht vorsichtig, damit die vor dem Auto lauernden Kontrolleure nichts bemerken, einen größeren Geldschein heraus.

„Das ist meine allerletzte Reserve, was soll ich machen?“ Sie hält mir den Geldschein hin.

Ob das reicht und die Verbrecher damit zufrieden sind, überlege ich.

Schnell entschlossen nehme ich den Schein und reiche ihr unter dem Armaturenbrett das Fahrgeld, das sie mir gegeben hatte, mit den Worten: „Nimm, damit du wenigstens etwas hast für alle Fälle. Du wirst es sicher brauchen in der Stadt.“

Tief dankbare Augen schauen mich rührend an.

Sie nimmt meine Hand und versteckt hastig den Schein in ihrer Tasche.

„Shukraan jazilaan, shukraan jazilaan, vielen, vielen Dank, danke, Gott behüte dich“, stammelt sie.

„Ich wünsche dir Glück“, entgegne ich und schaue prüfend nach draußen, was jetzt passieren wird.

Schnell nehme ich noch die Tüte mit zwei Brötchen unter meinem Sitz hervor und gebe sie ihr. Sie greift dankbar danach und versteckt sie hastig in ihrem Bündel. Meine Notreserve! Was soll es, denke ich. Sie hat ja gar nichts.

Der Grimmige taucht aus der Holzbaracke mit einem Zettel in der Hand auf, murmelt etwas zu den drei Gestalten vor uns und kommt auf die Fahrerseite des Wagens zu mir.

„Was kannst du mir dafür geben?“, wedelt er mit einem gelben Blatt zwischen den Fingern.

Seine drei Kollegen stehen immer noch als Sperre vor dem Taxi mit bleiernem Gesichtsausdruck und in den Händen die Waffen, bereit zu allem, was ihr Anführer ihnen sagt.

Diese arroganten Schweine, denke ich.

Aber immerhin fragt der Chef von ihnen mich, was ich geben könne, und fordert nicht direkt einen bestimmten Betrag.

Ich halte ihm den Geldschein hin und sage mit fester Stimme: „Heute war kein guter Tag. Das Geschäft lief schlecht. Ich hatte nur eine Fahrt mit zwei Kunden und diese hier nach Duma."

Er schaut giftig zu mir und zu Khadija, die sich inzwischen etwas gefasst hat.

„Die Frau muss zu Fuß weiter in die Stadt! Und du fährst zurück nach Damaskus!", baut er sich neben meiner Fahrertür auf und murrt ins Taxi hinein. Gierig greift er nach dem Geldschein und wirft mir den gelben Wisch zu, den ich Khadija weitergebe.

Die haben bisher wohl nicht viel abkassieren können, dass er so ohne weiteres zugreift, denke ich.

Er fuchtelt aufgeregt neben mir mit dem Schein in der Hand und sagt, dass ich mit dem Wagen wenden soll. Khadija steigt mit unsicheren Blicken aus und gibt mir nochmals die Hand, in der anderen ihr Bündel mit den wenigen Habseligkeiten, die sie aus dem Gefängnis mitnehmen durfte.

Diese Bande hat vermutlich gleich erkannt, dass bei ihr nichts zu holen ist. Bevor sie die Wagentür schließt, schaut sie mich vertrauensvoll an. In ihren Augen schimmert tiefe Dankbarkeit.

Sie sagt nichts mehr. Ihre Blicke reichen aus.

Ohne Worte nicke ich ihr nochmals zu.

Das wird schon, wünsche ich ihr lautlos.

Unsicher geht sie an den wie eingemeißelt stehenden Bewaffneten vorbei. Die Straße geradeaus führt durchs Zentrum von Duma.

Sie dreht sich noch einmal um und winkt mir verlegen mit einem Kopfnicken zu.

Ich schließe meine Augen. Inständig wünsche ich der Armen in Gedanken viel Glück.

Ich hoffe, du gehst jetzt in ein besseres Leben und eine bessere Zeit. Vielleicht sehen wir uns ja irgendwann wieder. Ich würde mich sehr freuen.

شوق إلى...

(Sehnsucht nach ...)

هناك في الأعلى نبحث عن ضوء يواسينا
أيمكن للنهار أن ينبلج من الرماد؟
الظروف! هذا أمر لا نفهمه
إنها تحكمنا وتعكر صفو ابتهالاتنا
نريد أن نهرب من الظلام

في الماضي كنا نصحو على ضوء الشمس
اليوم نضل طريقنا هائمين في المتاهة
الأطفال تفزع من القنابل
حقولهم تحولت إلى بحر من الركام
حياة مغبرة في الخوف والرعب

ننعي موتانا المقتولين والمشنوقين
عاجزين حتى عن الصراخ من الألم
والمعتقلون الذين لا يمكن إحصاؤهم
تتلاشى صرخاتهم في العدم
أين بقيت براءتنا؟ نصرخ في الهواء السام

شَردتها الوحوش غمام الحرائق يخط العبير
شوقنا يبقينا على قيد الحياة
إلى أين سيقودنا طريقنا؟
درب الآلام محتوم علينا
نهتدي بضوء نجاة
ففي آلامنا لا نخب لنشربه

لكن شوقَنا يستصرخ الصلح

Sehnsucht nach ...

Hoch oben suchen wir tröstendes Licht.
Kann aus Asche ein neuer Morgen entstehen?
Die Umstände, wir verstehen sie nicht.
Sie beherrschen uns und trüben unser Flehen.
Wir wollen dem Dunkel entrinnen!

Früher hat uns die Sonne geweckt.
Heut irren wir im Trostlosen umher.
Kinder werden von Bomben erschreckt.
Ihre Landschaften ein Trümmermeer.
Ein staubiges Leben in Angst und Schrecken!

Unseren Toten trauern wir hinterher.
Ermordet und gehangen.
Die Gequälten finden wir nicht mehr.
In zahllosen Verliesen gefangen.
Ihre Schreie verhallen im Nichts!

Wo ist unsere Unschuld geblieben?
Wir schreien in die vergiftete Luft.
Bestien haben sie vertrieben.
Brandwolken bestimmen den Duft.
Nur unsere Sehnsucht hält uns am Leben!

Wohin wird unser Weg uns führen?
Durch Höllenqualen müssen wir laufen,
ein rettendes Licht zu erspüren
und in unseren Schmerzen nicht zu ersaufen.
Unsere Sehnsucht ruft nach Versöhnung!

Und am Ende steht einsam die Frage: Warum?

„Auf der Suche nach dem Leben"
(Tahani Munawar, 2021)

Der alltägliche Kampf zum Überleben

Heute möchte ich Ihnen ein besonderes Erlebnis von meinen Fahrten schildern. Die Situation in Damaskus und Syrien ist auf weitere Sicht nicht besser geworden. Zusätzlich zu den täglichen Problemen mit immer weiter steigenden Preisen und der schon einige Zeit andauernden Benzinknappheit darf nun an den Tankstellen kein Dieseltreibstoff mehr verkauft werden.

Die allgemeine Versorgung ist unter anderem auch aufgrund der Schwierigkeiten beim Import aus dem Iran derart schlecht geworden, dass Diesel nur noch für militärische Zwecke und Fahrzeuge des Regimes zur Verfügung steht.

Zunächst sind wir Taxifahrer nicht davon betroffen. Wir fahren ja mit Benzin. Der Personenverkehr in der Stadt und im Großraum von Damaskus wird jedoch überwiegend mit Bussen bewältigt. Besonders leidet jetzt darunter der Berufsverkehr mit den vielen

Kleinbussen, die mehr als zwölf Personen transportieren können. Sie erhalten keinen Dieseltreibstoff mehr und sind lahmgelegt.

Das Ergebnis: die Menschen müssen täglich zu ihrer Arbeit und stürmen die verfügbaren Taxis. Was zunächst wie ein zusätzliches und lukratives Geschäft aussieht - wer hätte sich dies nicht erträumt - , mündet morgens und abends in einem Chaos an den Halteplätzen der Taxifahrer. In manchen Fällen prügeln sich die Leute regelrecht, um einen Platz in einem der Wagen zu ergattern.

Ich habe auf diese Weise gerade vier Männer aufgegabelt, die von Dscharamana zur Arbeit ins Zentrum von Damaskus wollen. Sie arbeiten in unterschiedlichen öffentlichen Verwaltungen und kennen sich eher flüchtig, wie ich ihren Gesprächen entnehmen kann. Die tägliche Fahrt mit dem Bus ist natürlich viel günstiger als mit einem Taxi. Das bekomme ich auch heute wieder knallhart zu spüren.

Kaum sind die vier bei mir eingestiegen, fangen sie an, mit mir um den Preis zu feilschen. Ich sage ihnen, was die Fahrt kostet, und frage sie, wer bezahlen wird. Das kläre ich immer besser gleich zu Anfang einer Fahrt. Sofort legt einer von den dreien, die hinten Platz im Wagen genommen haben, los und schimpft, dass er bisher ein Zehntel seines Monatsgehalts für den täglichen Weg zur Arbeit und zurück ausgeben musste. „Und jetzt“, schreit er, „ist es fast ein Viertel geworden!“

„Ihr verdammten Taxifahrer zockt uns dabei auch noch ab“, fällt der hinter mir Sitzende ihm beipflichtend ins Wort.

„Also, mach uns einen ordentlichen Preis“, mischt sich der neben mir auf dem Beifahrersitz ein.

Ich kenne dieses Theater nun schon seit einigen Tagen. Jedes Mal das gleiche Spiel.

Ich kann es ja irgendwie verstehen, aber wir Taxifahrer müssen auch leben und schauen, wie wir mit unseren Familien über die Runden kommen.

Diese großspurigen Typen heute auf dieser Fahrt haben immerhin einen festen Job und ein geregeltes Einkommen. Trotzdem jammern sie einem ständig die Ohren voll. Sollen sie doch schauen, wie sie irgendwo hinkommen oder zu Fuß gehen. Das ist doch nicht mein Problem.

„Was kostet jetzt die Fahrt?“, fragt der neben mir in unfreundlichem Ton. Der hat offensichtlich das Kommando für die Vierergruppe übernommen. Ich nenne ihm den gleichen Betrag wie vorhin.

„Du spinnst ja!“, höre ich alle im Chor schreien.

Jetzt reicht’s mir.

„Ihr könnt euch auch eine andere Möglichkeit suchen, wenn es euch nicht passt“, antworte ich.

Alle vier murren vor sich hin, fangen aber an Geld zu zählen. Sie haben wohl gemerkt, dass sie bei mir keine Chance haben.

Und ich habe auch keine Lust, bei einer solchen Fahrt drauf zu legen. Das ist der tägliche Kampf in meiner Arbeit. Als gäbe es nicht schon genügend Schwierigkeiten. Manchmal überlege ich, was morgen oder die nächsten Wochen noch an Hindernissen dazukommen könnte. Für viele wird es immer mehr zu einem Überlebenskampf.

Ich frage in die Runde, ob sie einverstanden sind und ich jetzt weiterfahren soll.

„Halt drauf, sonst kommen wir noch zu spät ins Büro!“, schnauft einer.

Die haben Probleme!

Ich nehme das als Zustimmung.

Unverschämter Typ, denke ich mir.

Ich mache meinen Job.

Was willst du eigentlich?

Sucht euch doch für eure Fahrt einen anderen Dummen, wenn ihr nicht einverstanden seid, unterdrücke ich gerade noch.

Kaum ist dieser Streit geklärt, brüllt der hinten rechts unverhohlen in sein Telefon. Er diskutiert heftig und lautstark mit seiner Frau, die ihm gerade eröffnet hat, dass sie nicht länger in diesem korrupten Land bleiben will. Sie plant eine Flucht, egal auf welchem Weg, auch wenn es illegal ist.

Sie hält es nicht mehr länger aus zwischen Bombeneinschlägen und Trümmervierteln. Ständig müsse man auf der Hut sein und damit rechnen, dass einem irgendetwas zustößt. Auch die Preise steigen ohne Ende und die Versorgung mit den notwendigen Lebensmitteln würde immer schwieriger.

So wurde sogar die Menge an Brot, die eine Person erhält, wieder einmal gekürzt.

„Das ist zum Kotzen“, schallt es durchs Telefon.

Wir können, oder besser müssen, alles mithören, so laut schreit seine Frau auf der anderen Seite.

Ein Freund hat eine Fluchtmöglichkeit gefunden, bekommen wir aus dem heftigen Streit mit, und zahlt die Schleuser. Sie geht auf jeden Fall mit ihm weg, macht sie ihrem Mann klar.

„Bist du jetzt total verrückt geworden?“, wettert dieser wütend in sein Smartphone.

„Willst du mich hier allein lassen? Willst du dich umbringen? Das ist doch alles viel zu gefährlich und wahnsinnig. Und was ist mit den Kindern? Ich muss doch zu meiner Arbeit gehen, damit wir wenigstens ein regelmäßiges Einkommen und etwas zu essen auf dem Tisch haben.“

Die Frau am anderen Ende interessiert das nicht. Sie muss ziemlich fertig sein und schreit: „Sorg du dich mit deiner Familie darum. Ich gehe auf jeden Fall weg aus diesem Chaos und aus diesem schrecklichen Land. Ich habe genug davon!“

Ich erlebe es heute wieder einmal live in meinem Wagen, was die Kriegsereignisse neben den vielen sichtbaren Verletzungen und Zerstörungen mit den Menschen machen. Diese Ehe ist total zerrüttet und die Frau mit den Nerven völlig am Ende. Sie weiß keinen anderen Weg und setzt alles aufs Spiel. Es scheint ihr gleichgültig zu sein, was passieren kann.

Hauptsache dem Zerstörungswahn und dem unwürdigen Leben entkommen.

Und sofort geht das nächste Drama los. Der in der Mitte hinten erhält einen Anruf von seiner Frau, die er vor kurzem verlassen hat. Sie macht ihm vehemente Vorwürfe, dass er sie mit den Kindern einfach allein gelassen hat und beschimpft ihn als Hurensohn. Wieder können wir alle die Streiterei mithören. Es kommt zu einer harten Auseinandersetzung. Beide schnauzen sich an und werfen sich alles Mögliche an den Kopf.

Er hat vor einiger Zeit eine andere Frau gefunden und seine jetzige mit den Kindern einfach im Stich gelassen. Sie will, dass er ihr Geld für die Kinder gibt und für den Lebensunterhalt sorgt. Er wird an seinem Smartphone immer wütender und schert sich einen Dreck darum, dass wir im Auto das Wortgefecht in allen Einzelheiten und den Streit mit den gegenseitigen Schuldzuweisungen mithören müssen.

Den beiden rechts und links von ihm platzt nach einer Weile der Kragen.

„Musst du das alles hier vor uns ausbreiten und im Wagen diskutieren?“, schreien sie los.

„Das kannst du in deiner Freizeit oder zuhause oder sonst wo machen, aber nicht in unserer Gegenwart und schon gar nicht auf dieser Fahrt!“

Der rechts neben ihm reißt ihm plötzlich das Telefon aus der Hand und knallt es wütend vor sich auf den Boden.

„Schwarzer Tag“
(Tahani Munawar, 2019)

„Hast du sie noch alle, du spinnst wohl?", schreit der andere ihn an.

Und schon höre ich es klatschen. Im Rückspiegel sehe ich, wie sie sich gegenseitig prügeln und verfluchen. Diese Idioten schlagen sich am Ende noch die Köpfe ein.

Welche unmöglichen Typen habe ich heute nur aufgegabelt? Muss das alles sein?

Die ruinieren mir noch meinen Wagen.

Und dann habe ich den Schlamassel.

„Jetzt reicht's!", brülle ich nach hinten.

„Ich schmeiße euch sonst raus!"

Mich wundert, dass die anderen beiden bislang so ruhig geblieben sind. Nachdem sich die Streithähne nach weiteren lautstarken Raufereien auf der Rückbank wieder etwas beruhigt haben, fängt der hinter mir Sitzende im ruhigen Ton an zu erzählen, dass er und seine Frau in diesem Monat ein weiteres Baby erwarten.

„Ich freue mich unheimlich, bin aber auch sehr besorgt. Der Arzt hat meiner Frau jegliche Aufregung untersagt, da sie dadurch Probleme bekommen könne und das Kind gefährdet sei", erzählt er schüchtern in die Runde.

„Und dann die ganzen Schwierigkeiten mit der Versorgung in unserem Alltag."

Seine Frau mache sich auch große Sorgen um ihre Eltern und Geschwister, die in einem umkämpften Gebiet leben.

„Wir haben unseren Sohn dort verloren, als er ein paar Tage bei seinen Großeltern war und es einen Bombenangriff gab. Er war fünf Jahre alt und wurde von einem Splitter am Kopf getroffen. Jede Hilfe kam zu spät. Meine Frau hat den Schmerz bis heute nicht verwunden", fährt er betroffen fort.

„Seitdem schreckt sie bei jedem Lärm von Flugzeugen oder von Geschossen zusammen. Sie regt sich dann zu sehr auf. Der Arzt hatte deswegen schon eine Fehlgeburt befürchtet. Doch bis jetzt ist alles gut gegangen und er ist zufrieden. Ich hoffe, dass das so bleibt. Ich sitze den ganzen Tag wie auf glühenden Kohlen bei meiner Arbeit. Wenn etwas schiefgeht, werde ich verrückt."

Wenigstens einer im Wagen, der sich nicht über irgendetwas streitet, denke ich. Die anderen sind inzwischen auch ganz ruhig geworden.

„Was sollen wir nur machen mit unserer schwierigen, ja hoffnungslosen Situation in diesem Land?", schaltet sich der neben mir nach einer Pause ein. „Wie lange wird dieser unsägliche Krieg mit all seinen Zerstörungen noch andauern?"

„Lebensmittel, Milch, Käse, Oliven, Eier, Hülsenfrüchte, Reis, Nudeln, Obst und Gemüse, alles kostet immer mehr und wir bekommen immer weniger für das Geld, was wir verdienen. Konnten wir früher einen Dollar für 50 syrische Pfund eintauschen, müssen wir jetzt 700 Pfund hinlegen. Und ein Ende dieser Preisspirale ist nicht in Sicht."

„Meine Frau hat vorgestern ein Kilo Tomaten für 800 Pfund und ein Kilo Bananen für 2200 gekauft. Wenn das so weiter geht, können wir uns irgendwann nur noch Brot und billigen Bulgur leisten“, ergänzt der werdende Vater von hinten. „Wie sollen wir damit ein Baby gut ernähren können?“, fragt er in die Runde, ohne eine Antwort zu erwarten.

Sie haben es auch nicht einfach, denke ich. Aber wer hat das in diesen Zeiten. Die gesamte wirtschaftliche Lage in Syrien ist katastrophal und wird immer schlimmer.

Die Regierung verfügt über keine Devisenreserven mehr. Die eigene Ölförderung ist dramatisch zurückgegangen. Und immer öfter hören wir leere Versprechungen von offizieller Seite. Im Grunde genommen weiß niemand einen wirklichen Ausweg aus der verfahrenen Situation.

Inzwischen leben mehr als die Hälfte der noch in Syrien verbliebenen Bevölkerung in Armut. Tagelang steht nichts als Brot und irgendeine gekochte Wasserbrühe auf dem Speiseplan. Immer mehr Menschen müssen zwei und mehr Tage arbeiten, um sich eine Mahlzeit ermöglichen zu können. Auch der Brotpreis ist ins Unermessliche gestiegen. Ich kenne einige, die um eine erschwingliche Ration Brot zu bekommen, stundenlang in Warteschlagen anstehen. Von einer Portion Fleisch oder einem Braten auf dem Tisch könne sie höchstens noch träumen. Selbst das Gehalt von Angestellten im öffentlichen Sektor reicht oft nur bis zur zweiten Woche im Monat. Jeder muss schauen, wie er damit zurechtkommt.

Der neben mir mischt sich nach einer längeren Pause mit nachdenklichen Worten ein: „Die Zivilbevölkerung ist immer und überall der Verlierer, ob es bei Bombenangriffen oder beim täglichen Überlebenskampf ist. Nach knapp zwei Wochen ist in der augenblicklichen Situation mein Verdienst aufgebraucht. Und es ist keine Besserung in Sicht. Wir und unsere Familien müssen dafür bluten und unsere Leute sterben, weil andere ihre Konflikte auf unserem Boden austragen. Und wenn du dann noch krank wirst, bist du total beschissen dran. Ich habe das alles und vor allem die bewaffneten Konfrontationen so satt. Wer ist überhaupt noch in der Lage, diesen ganzen Wahnsinn zu stoppen. Das kann doch nicht endlos so weitergehen. Wann können wir wieder normal leben in unserem Land ohne diejenigen, die hier nur ihre eigenen Interessen austragen?“, höre ich ihn verzweifelt und mehr sich selbst fragend.

Es herrscht betroffenes Schweigen im Auto. Ich denke für mich, der traut sich was, gebe aber keinen Kommentar dazu ab. Aber insgesamt muss ich ihm in seiner Einschätzung zustimmen.

Auf der Gegenfahrbahn kommen uns Militärfahrzeuge entgegen. Diese Kolonnen können überall frei herumfahren und den raren Dieseltreibstoff vergeuden, sage ich still zu mir. Ich muss ja Acht geben. Ich habe keine Ahnung, auf welcher Seite meine Kunden wirklich stehen. Die vier schauen interessiert der Kolonne nach. Wir nähern uns dem Ziel.

Der neben mir sammelt von den anderen die zerrissenen und abgewetzten Zehn-Pfund-Scheine ein und reicht mir das Paket hin mit der Frage: „Bist du damit zufrieden?“

Ich zähle kurz nach und nicke mit dem Gedanken, dass es gut ist, diese Fahrt so zu Ende gebracht zu haben.

Hastig stürmen die vier Angestellten, ohne sich groß zu verabschieden, aus dem Auto zu ihrer Arbeitsstelle.

Ich lehne mich erleichtert zurück und überlege, ob das Geld für diese Fahrt wohl für ein Pfund Tomaten reichen wird, und ich damit meiner Familie eine Freude bereiten kann. Aber insgesamt mache ich mir bewusst, dass ich bisher mit meiner Arbeit doch so einigermaßen über die Runden gekommen bin. Wenn das so bleibt, bin ich zufrieden.

Bilder, die Brücken schlagen

Wieder einmal fahre ich an einem ruhigen Nachmittag mit meinem Wagen von einer Tour zurück nach Damaskus. Ich passiere die Unterführung des Autobahnrings und komme nach Dwel'a. Am Straßenrand sehe ich einen jungen Mann mit Rucksack, der mir spontan zuwinkt.

Auf dieser Strecke ein neuer Kunde, das ist nicht so oft der Fall, überlege ich. Als ich anhalte, sagt der quirlig wirkende Kraushaarige kurz: „Einen Moment, ich muss noch etwas holen" und läuft zu dem Busch fünf Meter hinter der Fahrbahn. Er taucht vollbepackt mit zwei Plastikeimern, zwei Stangen, einigen Beuteln mit verschiedenen Utensilien, wie sie ein Maler verwendet, und einer kleinen Leiter aus Aluminium wieder auf.

Was wird das denn, denke ich.

Er steht wie ein normaler Kunde winkend am Wegrand. Als ich anhalte, kommt dann mit einem

Berg von Unrat, den er transportieren will. Was mache ich jetzt? Er schaut mich etwas hilflos an, macht aber einen ganz sympathischen Eindruck.

„Ich muss ins Zentrum bis zur Al-Assad Brücke, kannst du mich dorthin fahren?“, fragt er vorsichtig. Ich mustere ihn noch einmal.

„Aber mit den Eimern, diesen ganzen Farbkartuschen und diesem Kram versaust du mir nicht den Wagen.“ „Geht in Ordnung!“, grinst er mich an. Ich helfe ihm, die Sachen in den Kofferraum einzuladen und versuche die zwei Farbeimer nebeneinander im Fußraum hinten einzuklemmen. Hoffentlich geht das alles gut, geht es mir durch den Kopf.

Er verstaut den Rest in den Zwischenräumen und wir fahren los. Gut gelaunt erzählt er mir, dass im Rahmen des offiziellen Projekts „Unter dem Himmel von Damaskus", das in Zusammenarbeit mit dem Kultusministerium durchgeführt wird, der ganze Bereich um die viel befahrene Präsidentenbrücke verschönert werden soll.

„Ich soll die runden Pfeiler der Brücke mit Farben gestalten. Eine weitere Gruppe hat die Aufgabe, die Stämme abgestorbener Bäume mit Schnitzereien und individuellen Skulpturen zu verwandeln", erzählt er freudig mit stolzer Stimme. Er ist richtig motiviert.

Aber ist das Ganze nicht wieder so eine Idee der Regierung, um die Menschen von ihrem tristen Alltag abzulenken und vor allem das internationale Publikum zu blenden, denke ich. Gerade in dieser stark frequentierten Straße, durch die viele ausländische Besucher kommen, soll ein heiles Bild vermittelt werden.

Jeder, der zum Fünf-Sterne-Hotel „Four Seasons" will, fährt unter der Brücke durch. Ein ausgeklügelter Plan, der die Stadt schöner machen soll? Mir würden ganz andere Dinge einfallen, die dringender wären und die dann auch den Menschen helfen würden in ihrer beschissenen Situation.

Wer braucht dekorierte Brückenpfeiler oder in Skulpturen umgewandelte, trockene Baumstämme, wenn der Blick von denjenigen nur wenige Meter weiter von Hunger und Durst getrübt wird?

Oder die armen Namenlosen, die sich mit Gift aus Plastikbeuteln betäuben müssen, um den Anblick einer bunten anderen Welt überhaupt ertragen zu können?

Wer braucht diesen trügerischen Schein?

Wozu soll das nützlich sein?

Diese Luxusmeile, nun von offizieller Seite mit Farben aufgehübscht. Der Eindruck muss ja stimmen! Nur einige Meter weiter das fürchterliche Elend dieser Kriegszeiten.

Ich kämpfe mit mir. Das Ganze also nur eine raffinierte Masche des Regimes? Ich behalte diese Gedanken für mich und sage nichts.

„Oh, das könnte ein guter Anfang sein, die Stadt wieder ein wenig schöner zu machen", entgegne ich etwas forsch und wende mich zu dem jungen Mann.

Innerlich bin ich hin und hergerissen.

Mein Fahrgast antwortet nicht.

Ich denke, es kann grundsätzlich nicht schaden, wenn etwas geschieht, womit Farbe und Leben in unseren düsteren Alltag kommt. Jedenfalls hat der junge Maler es sich neben mir vorne gemütlich gemacht und strahlt Optimismus aus.

Das begegnet mir auch nicht alle Tage.

Wir sind bereits auf der Ringstraße um die Altstadt und er schaut fragend zu mir rüber.

„Ich bin so glücklich, endlich wieder ein bezahltes Projekt zu haben. Und das wird sogar von einem Ministerium unterstützt“, höre ich ihn mit Begeisterung.

„Ich habe nicht viel verdient in der letzten Zeit und musste ganz schön darben.“

Aha, daher weht der Wind, denke ich. Und schon folgt die Frage nach dem Fahrpreis.

Armer hungernder Künstler, arroganter russischer Übersetzer, grausam Geschundene gerade dem Gefängnis entkommen, hochnäsiger, verwöhnter Musiker, verstörter, wohlhabender Alter, gebrochener, invalider Schulfreund, feilschende, raufende Verwaltungsangestellte, verzweifelter Kollege ohne Treibstoff, so und so ähnlich ist die vielfältige Mischung meiner Fahrgäste. Oft ganz schön aufregend.

Dreist finde ich den jungen Künstler allerdings, einfach mit seinem ganzen Gerümpel ein Taxi anzuhalten. Aber er strahlt Zuversicht aus und will etwas tun gegen die Tristesse. Das ist ja in diesen Zeiten auch nicht selbstverständlich.

Da ich jetzt auf dem normalen Rückweg von einer gut bezahlten Fahrt bin, frage ich ihn gnädig, was er denn bezahlen kann.

Nervös kramt er in der rechten Tasche seiner gammeligen Hose herum, zieht drei schmutzige, eingerissene Fünfziger-Scheine heraus und hält sie mir unter die Nase. „Ist okay!“, nicke ich. Er strahlt mich zufrieden an.

„Wie willst du das denn machen? Hast du schon irgendeine Idee für die Gestaltung der Pfeiler?“, versuche ich das Gespräch weiterzuführen.

Wir kommen bei dem Opernhaus vorbei, wohin ich vor einiger Zeit diesen hochnäsigen Musiker vom Flughafen gefahren habe.

Nach der ersten Abbiegung in dem großen Verteilerkreis erreichen wir die zu verschönernde Meile. Bis zu der wuchtigen Al-Assad-Brücke sind es noch ungefähr 500 Meter. Es wundert mich ehrlich gesagt nicht, dass die Offiziellen gerade diesen Platz für das Projekt gewählt haben.

Ich kann unter der Brücke anhalten und helfe dem jungen Mann, seinen Kram (Werkzeug) bei einem Pfeiler abzulegen.

„Hier unter der Brücke ist ab jetzt mein neuer Arbeitsplatz", scherzt er lachend.

„Du wirst diese Säulen nicht mehr wiedererkennen, wenn ich sie gestaltet habe."

„Die Bilder und Strukturen, die ich auf die Säulen malen werde, habe ich im Kopf."

Der junge Kerl ist echt guter Dinge in euphorischer Erwartung auf seine Aufgabe.

Ob er hier auch die Nacht verbringen wird in Ermangelung anderer Möglichkeiten, überlege ich?

„Ich bin sehr gespannt, wie das Ergebnis und die Säulen aussehen werden", entgegne ich ihm und hoffe insgeheim, dass sein aus der Not geborener Einsatz nicht nur von der Regierung missbraucht wird mit dem Projekt.

Ich wünsche ihm und uns, dass von dem künstlerischen Einsatz auch ein wirksames Zeichen für eine andere Welt und Zukunft in unserem Leben ausgehen kann.

„Danke nochmals und viele Glück!“, ruft er mir lachend zu und beginnt motiviert, seine Sachen zurecht zu legen. „In sha’ala!“.

„Mach‘s gut!“, antworte ich.

Der fängt gleich richtig und motiviert mit seinem Kunstwerk an, sage ich mir. Ich komme ja öfter an der Brücke vorbei und werde die fortschreitende Umgestaltung sehen.

Wenn die Arbeit des jungen Malers und der anderen Beteiligten doch ein echtes Zeichen für eine Wiederbelebung unseres daniederliegenden Landes und der Stadt Damaskus sein könnte und wenn die Bilder und Skulpturen eine Brücke für eine neue Hoffnung schlagen könnten, wünsche ich mir, als ich wieder in mein Taxi einsteige.

Ohne Strom steht alles still

Heute habe ich gleich zu Beginn meines Arbeitstages einen besonderen Fahrgast. Ich wurde gestern gegen Abend vom Sekretariat des Elektrizitätswerks angerufen und gefragt, ob ich gegen 10 Uhr für eine längere Tour mit mehreren Stationen zur Verfügung stehen könne. Ich wunderte mich zunächst, da ich bis heute keine Fahrt für dieses Unternehmen gemacht hatte. Jedenfalls kann ich mich nicht erinnern.

Ich soll den Gast bei dem zentralen Verwaltungsgebäude, das im Westen der Stadt liegt, abholen, alles weitere würde er mit mir während der Fahrt besprechen. Vielleicht habe ich diese Fahrt ja über eine Empfehlung erhalten, denke ich. Das würde mich natürlich sehr freuen.

Mit guter Laune fahre ich rechtzeitig von zuhause los, denn ich muss die ganze Stadt durchqueren, um zu dem Stromproduzenten zu gelangen.

Man weiß bei dem oft chaotischen Verkehr ja nie, was dazwischenkommen kann. Eine viertel Stunde vor dem vereinbarten Termin biege ich mit meinem Wagen in die Einfahrt zu dem kleinen Platz vor dem Gebäude.

Ich solle mich beim Eingang melden, erklärte mir gestern die freundliche Damenstimme am Telefon. Ich parke mein Taxi auf einem der Plätze vor dem Gebäude. Als ich die Eingangstür passiere, stehe ich direkt vor dem Pförtner, der mich hinter seiner Glasscheibe schon erwartet hat.

„Sind Sie der Fahrer für Herrn Eimad?“, fragt er mich, ohne dass ich überhaupt etwas sagen kann.

„Ja, ich wurde gestern angerufen und für eine größere Fahrt bestellt“, antworte ich.

„Herr Eimad muss in wenigen Minuten hier sein.“

„Danke!“ erwidere ich kurz und denke mir, dieser Tag kann ja kaum besser anfangen.

Ich bin gespannt auf diesen Herrn Eimad, was für ein Mensch und was für ein Charakter er ist?

Wenige Minuten später öffnet sich die Tür des Aufzugs. Ein gepflegter Mann mittleren Alters und in dunkler Kleidung steuert direkt auf die nüchterne Sitzecke am Fenster zu, wo ich mich niedergelassen hatte. Der Informationsaustausch scheint hier gut zu funktionieren.

„Sie müssen mein Fahrer für die nächsten Stunden sein“, sagt er mit entschlossener Stimme. „Dann wollen wir mal gleich starten!“

Sofort läuft er Richtung Ausgang. Fast habe ich etwas Bedenken hinsichtlich meines einfachen, in die Jahre gekommenen Wagens. Verunsichert eile ich ihm hinterher. Ohne sich weiter umzuschauen rennt er auf mein Taxi zu und bleibt wartend an der rechten Seite stehen.

Ich öffne ihm die hintere Tür und bitte ihn einzusteigen. Mit kurzem Nicken sitzt er schon auf der Rückbank. Ich drücke hinter ihm die Tür zu.

Als ich vorne Platz genommen habe, dirigiert er sofort mit fester Stimme: „Wir fahren jetzt durch einige Viertel verschiedene Stationen und Straßen ab. Ich muss mir direkt vor Ort einen Eindruck verschaffen. Die ganze Tour kann ungefähr drei Stunden dauern. Ich kann es noch nicht genau abschätzen und hoffe, das ist in Ordnung."

„Selbstverständlich!", entgegne ich ihm nach hinten. „Wo soll es als Erstes hingehen?"

Er will in den Norden von Damaskus. Hier leben die unterschiedlichsten Bevölkerungsschichten. Was er genau dort will, ist mir noch nicht klar.

Ich fahre also los. Er beginnt mir zu erklären, warum er sich ein Taxi genommen habe für diese Fahrt. Es sei unauffälliger mit einem Taxi durch die Viertel zu fahren, die er überprüfen möchte.

Und dann beginnt er. Es sei eine Unverschämtheit, dass die Leute sich einfach Strom abzapfen. Das sei illegal und sie zahlten nicht dafür. Das müsse hart bestraft werden. Das sei Diebstahl.

Während er sich richtig in Rage redet, überlege ich mir, warum die Menschen sich dazu entschließen und dies tun. Es gibt ganz unterschiedliche Gründe und Motive. In gewisser Hinsicht werden sie ja auch dazu gezwungen, wenn sie irgendwie über die Runden kommen wollen bei den in letzter Zeit rasant gestiegenen Preisen in allen Bereichen.

Ich kann das gut nachvollziehen, bei allem, was meine Fahrgäste mir so erzählt haben. Klar ist es nicht erlaubt, aber viele werden sich nicht anders zu helfen wissen. Oft genug gibt es nur für kurze Zeit am Tag Strom, manchmal gerade eine Stunde lang. Und dann wollen viele natürlich alles Mögliche machen. Ist doch verständlich.

Also lasse ich ihn schimpfen und reagiere nicht darauf. Soll er sich doch beim Regime beschweren.

Auf der weiteren Fahrt verflucht und beschimpft er mehrfach diejenigen, die sich den Strom abzapfen und klauen. Er werde sie schon erwischen. Er müsse nur herausfinden, wie, wo und wann die unverschämten Diebe zuschlagen.

Wir durchfahren einige Straßen, in denen die Leitungen erbärmlich aussehen. Irgendwie hat man den

Eindruck, dass hier viel Flickschusterei betrieben wurde. Bei dem Wirrwarr an Leitungen und Abzweigungen blickt doch kein Mensch mehr durch.

Aber das ist doch wirklich Sache des Stromversorgers, denke ich.

Herr Eimad regt sich während der ganzen Zeit furchtbar auf und macht sich ständig Notizen. Er scheint einen Riecher dafür zu haben, wo und wie die Abzapfer vorgehen. Aber wie will er dahinterkommen, wer dafür verantwortlich ist?

Manche machen daraus sogar ein eigenes Geschäft und nutzen die Notlage vieler Menschen aus. Auch davon habe ich gehört.

Korruption herrscht ja fast überall in unserem Land und nimmt immer mehr zu. Von dieser Seite her kann ich ihn verstehen.

„Dort werde ich unsere Kontrolleure prüfen lassen. Die Kerle kriegen wir. Das wäre doch gelacht, wenn wir dem Treiben kein Ende bereiten könnten“, schimpft er zwischendurch und erklärt mir wie ich weiterfahren soll. An einigen Straßenecken bleiben wir eine Weile stehen und er beobachtet einfach das Geschehen auf der Straße.

So geht das fast drei Stunden lang. Ich übe mich in Geduld und lasse seine Fluchtiraden über mich ergehen. Ich bin ja nicht betroffen, das ist sein Job.

Wir sind fast jede Straße in einem größeren Radius abgefahren und Herr Eimad hat seitenweise Notizen gemacht, sich Straßennamen notiert und Eindrücke von Häusern und seltsamen Leitungsabzweigungen festgehalten. Ich habe den Eindruck, dass er von irgendjemandem Hinweise bekommen hat und diesen nachgehen musste. Auf jeden Fall regt er sich fürchterlich über diesen Einsatz und die unverschämten Menschen auf.

Dann schreit er plötzlich von hinten: „Jetzt reicht's mir. Wir können zurückfahren. Ich hab genug!"

Ein bisschen verrückt und unverschämt erscheint mir der Kerl mir. Die eigentliche Überraschung aber steht mir noch bevor.

Ich fahre gemächlich aus dem Viertel und steuere Richtung Westen zurück zu der Zentrale des Elektrizitätswerks. Auf der Rückfahrt ist Herr Eimad auffallend ruhig. Er kritzelt ohne Unterlass und nervös auf seinen Blättern herum.

Als wir vor dem Verwaltungsgebäude ankommen, höre ich von hinten seine Stimme: „Du kannst bei dem Pförtner eine Rechnung für die Fahrt abgeben. Wir werden das Geld dann überweisen. Und mach die Fahrt nicht zu teuer."

„So geht das aber nicht. Die Fahrt muss direkt bezahlt werden", entgegne ich ihm.

„Wir brauchen eine Rechnung, und stell dich nicht so an. Du bekommst dein Geld!“, faucht er, reißt die Wagentür auf und springt raus.

Dieser unverschämte, arrogante Kerl!

Was mache ich jetzt bloß?

Ich hätte das direkt zu Beginn der Fahrt klären sollen. Aber ich habe mich von seiner äußeren Erscheinung täuschen lassen.

Verflucht!

Am Morgen bin ich gut gelaunt gestartet und hatte das Gefühl, es würde ein erfolgreicher Tag werden. So ergeht es uns Taxifahrern bei unserer Arbeit öfter. Unangenehme Überraschungen lauern immer wieder und oft genug ziehen wir den Kürzeren.

„Und wann bekomme ich dann mein Geld?“, rufe ich ihm noch hinterher.

Ehe ich mich umsehe, hat er die Wagentür laut zugeknallt und läuft Richtung Eingangstür, durch die er verschwindet. Ich halte die Luft an und steige mit Wut im Bauch aus.

So ein Mist! Jetzt kann ich schauen, wie ich zu meinem Geld komme. Hoffentlich ist der Pförtner informiert und weiß damit umzugehen.

Mit einem mulmigen Gefühl und wütend öffne ich die Tür zum Gebäude und stehe wie am Morgen direkt wieder vor der Glasscheibe. Der etwas füllige Mann dahinter spricht gerade am Telefon. Er schaut zu mir auf, winkt und nickt mir freundlich zu, ich solle warten.

Ewig lange Minuten vergehen. Ich bin total aufgewühlt, dass gerade mir so etwas passiert. Der Tag hatte doch ganz gut begonnen.

Das Telefonat des Pförtners ist beendet und er ruft mich zu sich.

„Können Sie eine Rechnung mit der Bankverbindung ausstellen?“, fragt er freundlich.

„Sie müssen wissen, dass wir solche Fahrten nicht direkt bezahlen können. Ich hoffe, Sie haben das gewusst.“

Darüber wurde kein einziges Wort verloren, denke ich, sage aber nur kurz: „Nein!“

„Machen Sie sich keine Gedanken, ich sorge dafür, dass Sie ihr Geld erhalten.“

Wenigstens der ist vernünftig. Er ist ja auch nicht der Boss. Die denken oft, sie könnten machen, was sie wollen, und sich alles leisten.

„Ich habe jetzt nur diese kopierten Zettel dabei und ein Bankkonto habe ich nicht“, sage ich ganz unsicher und vorsichtig.

„Normalerweise müssen die Fahrten direkt gezahlt werden“, ergänze ich noch.

„Wenn alle Angaben stimmen, geht das in Ordnung. Füllen Sie diesen Zettel einfach aus. Ich erledige den Rest. Wenn wir den Betrag nicht auf ein Konto überweisen können, müssen Sie halt wieder herkommen. Aber Sie sind ja sowieso ständig unterwegs in der Stadt mit dem Taxi.“

Der hat Nerven. Aber was soll ich jetzt machen?

Ich überlege kurz, welchen Betrag ich nehmen soll, setze 3000 Pfund ein, den Namen des seltsamen Herrn Eimad und meine Unterschrift. Der Pförtner schaut nur kurz drüber und nickt mit den Worten: „Ich kümmere mich darum. Kommen Sie übermorgen um die Mittagszeit wieder vorbei. Ich habe dann das Geld."

Und wieder klingelt sein Telefon.

Er winkt mir nur flüchtig zum Abschied.

Jetzt stehe ich da.

Ich ärgere mich über mich selbst und kann nur hoffen, dass er sein Versprechen hält. Verunsichert verlasse ich das Gebäude und steige in meinen Wagen, um heute vielleicht noch eine bezahlte Fahrt zu bekommen. Und dann kann ich übermorgen wieder hier vorfahren, so ein Mist.

„Sarah“ (Tahani Munawar, 2018)

Sarah mit ihrem Sohn Siran

Mir fällt an einem sonnigen Mittwochmorgen eine Frau an der Straße am Tishreen Park im Westen von Damaskus auf. Es hat sie aus dem Norden von Syrien in die Hauptstadt verschlagen, wie sie mir später erzählt. Ich sehe sie schon von Weitem mit ihrem Kind an der viel befahrenen Straße sitzen, die zwischen dem Park und dem Fluss Barada verläuft.

Sie macht einen ziemlich verzweifelten Eindruck. Mit scheuen Blicken winkt sie mir nur halb aufgerichtet zu. Zunächst will ich einfach weiterfahren und sie nicht beachten. Als ich aber näherkomme und ihren Gesichtsausdruck sowie den des kleinen Jungen genauer wahrnehme, halte ich an. Mein Taxi kommt direkt neben ihr zum Stehen.

Durchs Fenster frage ich sie, ob ich ihr irgendwie helfen könne. Dankbar richtet sie sich auf, nimmt ihr Kind an die Hand und kommt verlegen auf meinen

Wagen zu. Sie hat zwei Taschen bei sich, eine größere und eine kleinere. Unsicher gibt sie mir zu verstehen, dass sie zu Bekannten im Osten von Damaskus will, wisse aber nicht, wie sie dorthin kommen soll.

Kurzentschlossen rufe ich ihr zu, sie solle mit ihrem Jungen, ich schätze ihn auf drei Jahre, kommen. Dankbar steigt sie hinten ein und nimmt das Kind auf den Schoß. Nach anfänglichem Zögern taut sie allmählich auf und beginnt von ihren Erlebnissen zu erzählen.

„In der Nacht hatte es mehrere Luftangriffe auf Wohnviertel in unserer Stadt gegeben. Ich war mit den drei Kindern in unserem Haus. Mein Mann war unterwegs bei seiner Arbeit. Um uns herum krachten heftige Explosionen. Überall schlugen Bomben ein. Wir hatten fürchterliche Angst und verkrochen uns in eine Ecke unter der Betontreppe, die in den ersten Stock führt. Dann gab es einen gewaltigen und lauten Knall. Eine Staubwolke schoss ins Haus und verdunkelte die Sicht. Ich drückte die Kinder eng an mich. Sie schrien entsetzlich vor lauter Angst“, vernehme ich die schluchzende Frau.

Ich kann die Tränen in ihren Augen durch den Rückspiegel erkennen. Der Junge versteht, was sie sagt, und starrt sie an, als würde er die grauenvolle Nacht noch einmal miterleben. Ich schweige.

„Alles wurde mit einer Staubschicht überdeckt. Ich konnte nicht erkennen, was passiert war. Über die Kinder warf ich eine Wolldecke, damit sie die

Zerstörung nicht anschauen mussten. Wir blieben in unserer Ecke unter der Treppe sitzen. Es wurde allmählich ruhiger. Dennoch wagten wir es nicht, uns von der Stelle zu bewegen", fuhr sie fort.

„Ich wusste nicht, was ich in der Situation machen sollte. Plötzlich hörte ich das verzweifelte Rufen von meinem Mann. Er tauchte aus dem dunklen Dunst auf und fand uns unter der Treppe. Erleichtert fiel er vor uns auf die Knie. Er dankte Gott, dass wir am Leben waren. Ohne Worte verharrten wir so eine ganze Weile und schauten uns immer wieder an, um uns zu vergewissern, dass wir tatsächlich alle unversehrt hier in unserem Haus waren."

„Hamdelila! (Gott sei gedankt)" Ihre Stimme versagt. Weinend hält sie sich die Hände vor die Augen.

Ich fahre langsam weiter, da ich noch nicht richtig weiß, wohin sie genau will.

Im gleichen Moment packen mich wieder die Gedanken und Befürchtungen aus den letzten Wochen, die mir keine Ruhe mehr lassen. Kollegen hatten berichtet, dass wieder einmal einige von uns zur Armee eingezogen wurden. Dies kann jeden plötzlich erwischen. Bis zum fünfzigsten Lebensjahr muss man dafür bereitstehen. Die Angst davor, dass auch mir das passieren könnte, quält mich immer häufiger. Bei jedem Kontrollpunkt – und es gibt immer mehr davon – geht mein Pulsschlag in die Höhe und mein Herz fängt an zu rasen.

Wovon sollen meine Frau und mein Sohn dann leben? Auch wenn wir uns immer nur kurz zwischen meinen ständigen Touren sehen, mache ich mir große Sorgen um sie. Und dann habe ich die letzten Tage nur sehr wenige Aufträge gehabt. Es ist zum Verzweifeln. Zwischendurch habe ich die Schnauze so richtig voll von den ganzen Problemen in dieser Stadt. Vielleicht sollte ich einfach mal raus, in eine andere Region!

Als ich meiner Frau dies vorgestern andeutete, gerieten wir in einen langen, heftigen Streit. Sie schrie mich erbost an, ob ich total verrückt sei. „Denke an dein Kind und mich und spiele nicht mit deinem Leben", schimpfte sie. „Du weißt, wie gefährlich es ist. An jeder Ecke steht eine andere Gruppe und kontrolliert. Und am Ende wirst du noch verhaftet. Was sollen wir dann machen?" Meine Frau war so außer sich, dass sie in Tränen ausbrach.

„Hier wird es auch jeden Tag schlechter. Ich weiß nicht, wie lange das alles noch gut geht mit meinem Geschäft", antwortete ich hilflos.

Die Frau in meinem Wagen schweigt immer noch und mich quälen diese Vorstellungen und Ängste um meine eigene Existenz. Dieses Mal fahre ich nordöstlich um das Zentrum. Als wir uns dem Alshahbandar Platz in der Nähe des Finanzministeriums nähern, regt sich die Frau hinter mir. Der Junge gibt, wie die ganze Zeit schon, keinen Ton von sich.

„Ich will eigentlich in die Gegend von Idlib zurück zu meinem Mann und den beiden anderen Kindern. Meine Bekannten haben nur eine kleine Wohnung und sicher keinen Platz für uns beide. Ich will ihnen auch nicht zur Last fallen. Kannst du mich bis dorthin bringen? Ich bitte dich!“, legt sie weinerlich los.

Ich habe inzwischen den Verdacht, dass sie gar keine Bekannten hier in Damaskus hat, zu denen sie gehen könnte. Deshalb bleibe ich nach dem Kreisverkehr auf dem Parkplatz vor einem Einkaufszentrum stehen.

Fragend schaue ich nach hinten die Frau an. Ganz verängstigt sagt sie gleich: „Ich kann die Fahrt bezahlen. Ich habe ausreichend Geld bei mir. Bitte fahre uns dorthin!“

„Das ist nicht so einfach“, entgegne ich ihr.

„Bis Idlib sind es fast 400 Kilometer auf der Autobahn über Homs und an Al-Hamah vorbei. Weißt du wie lange die Fahrt dorthin dauert und wie gefährlich das ist? Und die ganzen Kontrollen, die wir passieren müssen. Das ist riskant. Nein, das geht nicht. Das kann ich nicht machen“, antworte ich.

Gleichzeitig kommt mir die Idee, dass dies doch eine gute Gelegenheit wäre, zu sehen, wie sich das Leben und die Verhältnisse außerhalb des Großraumes von Damaskus entwickelt haben. Ich kenne ja einiges aus den Berichten von dort. Aber wie es wirklich in diesem Teil des Landes aussieht, weiß ich nicht. Ich überlege hin und her.

Die Frau rührt sich und schaltet sich mit bettelnder Stimme ein: „Bitte fahre uns nach Idlib. Ich muss zu meiner Familie. Was soll ich hier? Hier habe ich niemanden."

„Wir steigen jetzt erst einmal aus und machen eine Pause. Ich muss noch einige Dinge klären, telefonieren und mir das alles genau überlegen", versuche ich sie zu beruhigen.

Nur unfreiwillig, mit bittenden und flehenden Blicken verlässt sie den Wagen und beschwört mich: „Bitte, bitte bringe uns nach Idlib. Ich muss dorthin. Gott wird es dir danken!"

Sie setzt sich mit dem Jungen vor die Autos am Rand des Parkplatzes. Ich schließe meinen Wagen ab und gehe in die Eingangshalle des Einkaufszentrums. Innerlich kämpfe ich heftig mit mir und meinem Vorhaben, bevor ich meine Frau anrufe.

Diese brüllt gleich ins Telefon, ob mich jetzt alle guten Geister verlassen hätten.

„Das ist einfach wahnsinnig, du hast sie nicht alle!", schmettert sie mir entgegen.

„Lass das sein! Ich habe keine Lust, dich in irgendeinem Gefängnis suchen zu müssen. Was ist nur in dich gefahren?"

„Ich will ja nicht die Route über die Autobahn nehmen. Ein Kollege hat mir von einem Schleichweg erzählt. Dort soll es keine Kontrollen geben. Es wird mir schon nichts passieren. Und außerdem brauchen wir das Geld."

„Was soll ich mit dem Geld, wenn mir die Nachricht über einen toten Ehemann überbracht wird?“, entgegnet sie flehend und wütend zugleich.

Wir streiten uns noch eine ganze Zeit heftig am Telefon. Irgendwie kann ich sie ja verstehen. Aber insgeheim will ich unbedingt diese Fahrt machen, nicht nur wegen des Geldes oder der Frau da draußen. Ich will mal weiter raus aus Damaskus und mir noch einen anderen Eindruck von der Lage in unserem Land verschaffen, außer den von der Hauptstadt und der näheren Umgebung.

„Ich verspreche dir, dass ich heil wiederkommen werde“, sage ich mitfühlend zu ihr.

„Das kann glauben, wer will. Wie kann man sich freiwillig nur in so eine Gefahr begeben. Weshalb tust du das? Warum bereitest du uns solche Sorgen? Wir haben genügend davon, wenn du den ganzen Tag bis auf wenige Stunden mit dem Auto unterwegs bist und wir nicht wissen, in welcher Ecke du gerade rumfährst. Überall lauern Gefahren und es kann etwas passieren. Ich halte das nicht mehr aus. Ich kann es nicht mehr ertragen“, jammert sie.

Durch die große Fensterfront des Einkaufszentrums sehe ich draußen zwischen den Autos die Frau mit ihrem Jungen sitzen. Sie hat ihm ein Stück Brot in die Hand gegeben.

Was soll ich jetzt machen?

Ich entdecke einige Meter weiter einen Getränkestand und hole mir einen Tee zur Stärkung.

Währenddessen rufe ich den befreundeten Taxikollegen an und berichte ihm von meinem Vorhaben. Er ist nicht begeistert und warnt eindringlich, es sei sehr gefährlich. Ich hätte Frau und Familie und müsse an diese denken.

„Aber was ist mit dem Geheimweg, von dem du mir erzählt hast?“, frage ich ihn.

„Das ist eine ganze Zeit her. Ich weiß nicht, wie es jetzt dort aussieht“, antwortet er und fügt mit ernster Miene hinzu: „Ich würde diese Fahrt in diesen Zeiten nicht machen.“

Der ist mir auch keine Hilfe, denke ich und verabschiede mich mit kurzem Dank.

Ohnmächtig starre ich in mein Teeglas und weiß in dem Moment nicht, was ich machen soll.

Die Frau mit dem Jungen sitzt immer noch an ihrem Platz. Sie wird sicher damit rechnen, dass ich nicht wiederkomme und mich vor der Fahrt drücken will. Ich hatte meiner Frau noch gesagt, dass ich morgen wieder zurück in Damaskus sein werde. Aber das hat sie nicht interessiert. Sie wirkte niedergeschmettert. Mit verstörten Gedanken schlürfe ich einen weiteren Schluck Tee. Ich bin ratlos.

Als ich meinen Tee ausgetrunken habe und dem Mann hinter dem Stand das leere Glas reiche, fragt er mich, ob ich Probleme hätte. Sieht man mir das jetzt auch noch an, denke ich und überlege, ob ich ihm etwas erzählen solle. Ich verwerfe dies direkt wieder und will ihn nicht damit belästigen.

„Nein, nein, alles in Ordnung! Vielen Dank!“, antworte ich kurz und gehe Richtung Ausgang. Ich kämpfe immer noch mit mir.

Auf dem Weg zu meinem Taxi sage ich mir, ich mache es und fahre die Frau nach Idlib. Sie entdeckt mich sofort und kommt mir mit einem hoffnungsvollen Strahlen in den Augen entgegen. Sie öffnet die linke Hand und hält mir 150 Dollar hin.

„Ist das genug?“, fragt sie zögerlich.

Sie geht wohl davon aus, dass ich sie nach Idlib fahren werde. Bin ich jetzt für andere gläsern geworden mit meinen Empfindungen?

Ich will nicht, dass andere merken, was mit mir los ist. Das ist nicht zuträglich in diesen Zeiten. Ich setze eine ernste Miene auf und gehe zum Wagen. Sie folgt mir, ihre Taschen in der Hand und den Jungen im Schlepptau. Ich schließe die Fahrertür auf und sage: „Komm, steig ein!“

Vor Freude lässt sie alles fallen, stürmt auf das Auto zu. Als sie die Sachen wieder eingesammelt hat, fahren wir los.

Die Straße führt geradeaus nach Norden an dem großen Sportgelände vorbei. Schnell erreichen wir die Stadtgrenze von Damaskus. Die Frau und der Junge sind nicht wiederzuerkennen. Sie wirken völlig erleichtert und unterhalten sich fröhlich.

„Ich heiße Sarah und neben mir sitzt unser Sohn Siran. Er ist drei Jahre alt. Vielen Dank, dass du das für uns tust“, höre ich sie.

„Ich hoffe, dass wir heil in Idlib ankommen und ich auch wieder zurück nach Damaskus", antworte ich. „Wir müssen unheimlich aufpassen wegen der vielen Kontrollpunkte und auf welchen Wegen wir fahren", ergänze ich.

Bis Homs könne man noch ganz gut durchkommen, hatten mir Kollegen von ein paar Tagen erzählt. Einige waren bis dorthin unterwegs gewesen. Ich fahre trotzdem nicht auf die Autobahn Richtung Norden, sondern wähle kleinere Straßen westlich davon, um Kontrollen zu meiden.

In der Ferne taucht eine Tankstelle auf. Ich hoffe, dass ich den Tank noch einmal vollmachen kann. Als ich die Geschwindigkeit reduziere und einbiege, vernehme ich von hinten: „Das Benzin übernehme ich."

Die Fahrt beginnt ja ganz ordentlich, denke ich. Wir kommen ohne Probleme bis zu der Stadt Homs. Ich umfahre diese westlich auf einer Straße, die an dem ausgedehnten See vorbeiführt.

Danach folgt erst der schwierigere Teil. Hoffentlich geht das alles gut. Ich höre erneut das Schimpfen und Toben meiner Frau in meinen Ohren. Gehe ich wirklich ein zu großes Risiko ein, überlege ich.

Die Gegend, die wir bei Homs durchfahren sieht friedlich aus. Weite, landwirtschaftlich genutzte Flächen mit Getreide, Mais und Gemüse. Es war schon immer eine Region mit Ackerbau.

Dann sehe ich plötzlich vor uns einen Kontrollpunkt. Oh Gott, es ist zu spät, um zu wenden.

Sarah bemerkt sofort, dass ich unruhig werde und fragt, was wir jetzt machen könnten.

Ich zucke mit den Schultern und fahre langsamer. Sie stimmt mit dem Jungen leise ein Lied an, um ihn zu beruhigen.

Demonstrativ lehne ich lässig meinen Ellbogen zum Fenster raus und rolle mit dem Taxi auf die Wartenden zu.

Drei eher freundlich gestimmte Wachmänner erwarten uns. Einer fragt, wohin unser Weg gehe.

„Ich bringe die Frau und den Jungen zu ihrer Familie nach Taldou", schwindele ich.

„Ganz schön weiter Weg von Damaskus bis dorthin", raunt er.

Ich sage nichts darauf. Wir scheinen Glück zu haben. Die anderen beiden schauen prüfend ins Wageninnere und gehen einmal um das Auto herum. Sie nicken dem anderen zu. Der gibt mir ein Zeichen und wünscht uns eine gute Weiterfahrt. Geschafft!

Wir nähern uns der Stadt Hamah. „Viele Bezirke außerhalb sind hier bombardiert worden", erzählt mir Sarah. „Verwandte von uns wohnten dort und sind nach Idlib geflohen."

Von weitem kann ich einige zerstörte Häuser erkennen. Hoffentlich gibt es keine weiteren Kontrollen in dieser Gegend.

Ich werde immer unsicherer und nervöser, je weiter wir nach Norden kommen. Aus Berichten weiß ich, dass hier hart gekämpft wurde.

Sarah erzählt ihrem Sohn, dass er bald seinen Vater sehen werde. Der Junge ist ganz aufgeregt. Ich nehme jetzt nur noch wenig befahrene kleine Straßen, um nicht unnötig ein Risiko einzugehen. Sarah merkt, dass ich mich unwohl fühle auf diesem Weg.

„Ich weiß gar nicht, wie ich dir danken soll", versucht sie mich abzulenken.

Ich dagegen lauere mit Blick nach vorne, ob ich rechtzeitig einen Kontrollpunkt ausmachen kann. Ich hätte vielleicht doch besser auf meine Frau hören sollen. Ich werde noch unruhiger.

Ist diese Fahrt das Risiko wert?

Wir nähern uns dem Ort Hizareen. Sarah kennt ihn. Bis Idlib sind es noch ungefähr fünfzig Kilometer. Vor dem Dorf halte ich kurz an und hole eine Flasche Wasser aus dem Kofferraum. Beim Trinken merke ich, wie meine Hand zu zittern beginnt. Nur nichts anmerken lassen, sage ich mir.

Wir müssen durch den Ort. Ich folge nicht den Hinweisen nach der Stadt Maarat an-Numan, sondern nehme einen Weg durch die Felder, geradeaus nach Norden. Ungefähr fünfzehn Kilometer vor Idlib, in der Nähe des Ortes Nahleh, höre ich Sarahs Stimme: „Vielleicht ist es doch zu gefährlich weiterzufahren bis Idlib. Ich habe Bekannte in Ariha. Die können mir weiterhelfen."

Nur mühsam kann ich meine Erleichterung vor ihr verbergen und frage: „Bist du dir sicher? Willst du wirklich alleine weiter?"

„Wenn du mich bis Nahleh bringst, schaffe ich den Rest allein“, antwortet sie kurz und wendet sich dem Jungen zu. Der hat von meiner Furcht nichts mitbekommen und ist ganz glücklich vor Freude, seinen Vater bald wiederzusehen.

Sarah packt ihre Sachen zusammen. Am Ortseingang sagt sie, ich könne sie hier absetzen. Sie bedankt sich innig und wünscht mir, dass ich gut wieder nach Damaskus zurückkomme. Ich solle auf mich achtgeben, sagt sie noch, bevor sie aussteigt.

Als ich ihr nachschaue, wird mir klar: Meine Arbeit und meine Fahrten durch Damaskus sind trotz der täglichen Probleme und vielen Hindernisse nicht so schlimm und wahrlich auszuhalten. Wohlgemut trete ich so die Rückfahrt an.

مزقتنا المخدرات

(Freiheit, du verlorene Droge)

حياة خالية من الهموم
يضيء لنا من عصور بعيدة
من يمكنه إعادتها إلينا
ترافقنا في طرق آمنة؟
الحرية المحبوبة لا يمكن إلا أن تخمن في الأفق

لقد سرق منا أثمن غالية
محبوسين مثل الحيوانات في إسطبل ،
يتفاخر الأشرار في الخارج ،
نزأر محنتنا في الفضاء ،
نطلب من الآلهة أن تحذر الاشرار

ضاع نحزن بعد الاحلام
نبحث عبثا عن منازلنا
لم يعد السلام والوئام موجودين
إنتصار إنفجار القنابل في البلاد
نحن نحفر للتوقف في إطارات فارغة

أوه ، الهم ، الحياة الحرة
نريد أن نتغذى عليك مرة أخرى
كنز يمكنك أن تعطينينا
يمكن أن يكون كل شيء معك
العالم الضائع فأين أسماؤنا

يا الهم فقدت الحرية
منذ زمن طويل كنت تسممنا
حزين على دعوتنا للاستقلال
لقد استبدلتهم الحرب بنا
نأمل أن نبحث من أين أتينا
وفي النهاية هناك سؤال منعزل: لماذا

Freiheit, du verlorene Droge

مزقتنا المخدرات

Unbeschwertes, freies Leben
leuchtet uns aus fernen Zeiten.
Wer kann es uns wiedergeben,
auf sicheren Pfaden uns begleiten?
Geliebte Freiheit am Horizont nur zu erahnen.

Kostbarstes Gut, wurdest uns gestohlen,
eingepfercht wie Tiere in einen Stall,
die Schurken prahlen unverhohlen,
unsere Not brüllen wir ins All,
bitten Götter die Häscher zu ermahnen.

Verloren trauern wir Träumen hinterher,
suchen vergebens unser Zuhause.
Frieden und Eintracht existieren nicht mehr,
im Land triumphiert die Bombensause.
Wir wühlen nach Halt in leeren Rahmen.

Oh unbeschwertes, freies Leben,
will mich wieder an dir laben.
Schätze kannst du mir geben,
könnte mit dir alles haben.
Verlorene Welt, wo sind unsere Namen?

Oh unbeschwerte, verlorene Freiheit,
vor langer Zeit hast du uns berauscht,
wehmütig unser Ruf nach Unabhängigkeit.
Der Krieg hat sie uns vertauscht.
In Hoffnung forschen wir, wo wir herkamen.

Und am Ende steht isoliert die Frage: Warum?

„Hoffnung auf ..."
(Tahani Munawar, 2018)

Auf der Suche nach normalem Leben

Ganz unerwartet habe ich gerade einen Anruf erhalten, als ich mit meinem Taxi an diesem Morgen im Westen der Stadt wie üblich auf der Suche nach Kunden unterwegs bin.

Ich soll einen Mann in einem nördlichen Stadtteil von Damaskus abholen. Er will zu einem Vorort im Süden der syrischen Hauptstadt.

Dieser Anruf kommt mir gerade im richtigen Augenblick. Das Geschäft lief in den letzten Tagen nicht besonders ertragreich. Ich fahre in guter Stimmung los und passiere die Straße am Tishreen Park, an der ich vor einigen Wochen die Frau aus Idlib mit ihrem Sohn mitgenommen hatte. Am großen Kreisverkehr geht es dann gleich Richtung Norden. Eine kribbelnde Neugierde macht sich in mir breit, wer und wie dieser Fahrgast wohl sein wird. Die Straßen sind heute nicht sehr belebt. Ich komme gut voran und fahre gemächlich am Sibky Park entlang.

Woher der Mann wohl kommt und was er im Süden von Damaskus wirklich will? Ich bin gespannt.

Gedankenverloren und dahin träumend erreiche ich den telefonisch vereinbarten Ort. Vor einem größeren Bürohaus steht ein gut gekleideter Mann mittleren Alters und schaut in meine Richtung. Das könnte er sein, denke ich. Als er mein Taxi sieht, winkt er mir zu.

Ich halte direkt vor ihm und steige hastig aus, um ihm die hintere Tür zu öffnen. Er kommt freudig auf mich zu, begrüßt mich und bedankt sich, dass ich so schnell kommen konnte. Meine Telefonnummer habe er von einem früheren Freund erhalten.

Ich freue mich natürlich sehr darüber, dass meine Kunden mich weiterempfehlen, gerade in dieser Zeit, in der das Taxigeschäft so schwierig geworden ist.

Als ich wieder hinter meinem Lenkrad sitze, erzählt er mir, dass er nach fast zehn Jahren erstmals wieder in Syrien und in Damaskus sei. Die Stadt und das Land hätten sich sehr verändert. Er habe den Kontakt zu Freunden und einigen Verwandten verloren und wolle endlich herausfinden, was mit ihnen geschehen sei oder wo sie sich aufhielten.

„Kannst du mich nach Dscharamana bringen?“, fragt er vorsichtig. „Und auf dem Weg dorthin würde ich gerne durch den Vorort Yarmouk fahren. Ich möchte mir einen Eindruck von der aktuellen Situation verschaffen. Ist das möglich? Ich hoffe, du hast etwas Zeit mitgebracht.“

Der Tag ist wohl gerettet, schnellt es mir durch den Kopf. Ein Fahrgast für eine größere Tour. Ich bin zufrieden.

In Yarmouk, dem früheren Palästinenser-Viertel war ich eine Ewigkeit nicht mehr. Ich bin mir nicht einmal sicher, ob man das Viertel überhaupt befahren oder durchqueren kann. Seitdem dort fast alles zerstört wurde, machen wir gerade mit unseren Wagen einen Bogen um diesen Stadtteil. Die Gefahr ist zu groß, sich einen Reifenschaden einzuhandeln. Das kann wirklich niemand brauchen in dieser recht schwierigen Situation.

„Ich habe genügend Zeit und stehe gerne zur Verfügung", antworte ich ihm.

„Das ist gut, denn ich weiß noch nicht genau, wie lange wir unterwegs sein werden und ob ich überhaupt etwas erreichen kann", entgegnet er.

Ohne diesen Auftrag würde ich jetzt suchend und etwas verzweifelt kreuz und quer durch die Stadt fahren in der Hoffnung auf den ein oder anderen Kunden. So ist es halt in diesen Tagen.

Ich wende den Wagen an der seitlichen Einfahrt des Hauses. Wir starten unsere Tour in den Süden von Damaskus.

Ich versuche mir vorzustellen, was uns in dem Viertel Yarmouk erwarten wird, und spüre, wie aufgewühlt ich innerlich allein bei dem Gedanken daran bin. Dort wurde doch alles zerstört, erinnere ich mich. Man kann unmöglich in diesem Teil der Stadt wieder leben. Aber ich hörte auch, dass es einige wenige trotz der gewaltigen Zerstörungen wieder nach Yarmouk verschlagen hat. Sicher hat diese bedauernswerten Wesen Hoffnung, Heimweh oder Ausweglosigkeit dorthin geführt. Abrupt reißt mein Fahrgast mich aus meinen Überlegungen heraus.

„Als ich das letzte Mal vor etwa neun Jahren – es war vor dem Krieg – in der syrischen Hauptstadt war, erlebte ich eine quirlige und bunte Stadt. Die gesamte Stimmung war eine andere. Menschen verschiedener Religionen, Nationalitäten oder Volksgruppen lebten hier zusammen wie in vielen anderen großen Städten im Nahen Osten. Man achtete sich in einem Viertel oder einer Straße trotz der schon damals herrschenden Repressionen. Man begegnete sich untereinander mit Respekt. Jeder versuchte, den Alltag, so gut es unter den Einschränkungen des Regimes möglich war, zu organisieren. Dieses Mal nach fast sieben Jahren Krieg habe ich sofort die Einschüchterung und ein schleichendes Misstrauen anderen gegenüber spüren können. Das macht mich unendlich traurig."

Seine sonst feste Stimme holpert bei den letzten Worten. Ich schaue in den Rückspiegel nach ihm. Er ist sichtlich berührt. Nach einer ganzen Weile erst kann er weiterreden.

„Wie ist es dir ergangen in diesen Jahren? Es ist vermutlich nicht einfach, ein einigermaßen normales Leben zu führen?", fragt er mich neugierig.

„Ich habe gehört, dass hier in der Hauptstadt und auch im übrigen Land alles unheimlich teuer geworden ist. Da ist das Taxigeschäft sicher auch nicht einfach, weil viele Menschen das Geld dazu nicht mehr haben“, fügt er mitfühlend hinzu.

Ich bestätige seine Frage nur mit einem kurzen Ja. Mir ist in dem Moment nicht danach zumute, mein Leben sowie meine Ängste und Sorgen vor einem fremden Fahrgast auszubreiten. Und dieser legt auch gleich wieder los.

„Ich heiße übrigens Mahmud. Ich bin im Norden von Damaskus aufgewachsen und erinnere mich sehr gerne an meine Jugend- und Schulzeit. Wir hatten mit unserer ganzen Familie ein schönes und zufriedenes Leben. Aber das liegt nun schon so lange zurück. Mein Vater arbeitete bei einer großen Firma im technischen Bereich. Und so kam es auch, dass ich Ingenieurwesen an der Universität studierte. Wir hatten einige Verwandte im Libanon mit Kontakten nach Frankreich. Da ich in Fremdsprachen recht gut war und mich auf Französisch konzentrierte, kam ich nach meinem Abschluss an der Universität über diese Kontakte in das europäische Land. Ich arbeite heute in einem großen Unternehmen im warmen Süden von Frankreich. Das Klima ähnelt dem unsrigen hier in Syrien, vor allem in den Sommermonaten. Ich hatte also keine großen Umstellungsschwierigkeiten in dieser Hinsicht.“

Mein Fahrgast schaut, während er locker von sich und seinem Leben erzählt, interessiert aus dem Wagen. Seine Stimme klingt entspannt.

Er scheint weit davon entfernt zu sein, mir gegenüber mit seinem Werdegang und Erfolg prahlen zu wollen. Solche selbstherrlichen Typen habe ich etliche Male auf meinen Fahrten erlebt. Oft genug sind sie unerträglich. Aber als Taxifahrer muss man das hinnehmen. Es gehört einfach dazu.

Heute mal wieder ein angenehmer Zeitgenosse als Fahrgast. Seinem Äußeren nach ist er wohl sehr erfolgreich und hat einen gut bezahlten Job. Ob er hier privat ist, weil er sich die Situation in unserem Land anschauen will?

Ich steuere meinen Wagen auf den breiten Ring um die Altstadt, den ich fast jeden Tag passiere. Mein Fahrgast schaut nachdenklich aus dem Fenster und schweigt eine Weile.

Mir ist immer noch nicht ganz wohl bei dem Gedanken, in wenigen Minuten nach einer empfundenen Ewigkeit wieder durch Yarmouk, die zerstörten Straßen des Viertels, falls man noch von Straßen sprechen kann, und durch die Trümmerlandschaften zu fahren. Wir kommen am antiken römischen Stadttor Bab Sharqi, dem Eingang zum früheren jüdischen Viertel der Hauptstadt vorbei.

Mein Fahrgast erklärt mir etwas wehmütig, dass er hier auch öfter gewesen sei, meist zu Veranstaltungen. Es sei immer eine sehr schöne Atmosphäre um das alte Stadttor an den in der Regel warmen Abenden gewesen.

„Wenn es die Situation erlaubt, findet immer mal wieder etwas hier statt, aber nicht mehr in dem Ausmaß wie vor dem Krieg“, erkläre ich ihm kurz.

Ich nehme seinen verstohlenen Seufzer wahr, der ihm wohl der früheren Zeit und schönen Erlebnissen nachtrauernd einfach so rausrutscht.

Unser Weg führt weiter den Ring um das Zentrum entlang bis zu dem Kreisverkehr, von dem die große Straße an Al Midan vorbei geradeaus auf das Viertel Yarmouk hinführt. Ich spüre, wie bei meinem Fahrgast Mahmud eine Unruhe aufkommt. Im Spiegel kann ich sehen, dass er nervöser wirkt. Auch ich fahre etwas unruhiger weiter und sehe die unvorstellbaren Bilder vor meinen Augen.

Wir fahren unter der Autobahn, die den Süden von Damaskus durchquert, hindurch. Jetzt sind es nur noch wenige Augenblicke bis Yarmouk, das von zwei großen Straßen begrenzt wird, im Osten die Palestine Straße und im Westen die Salah Ed Deen Al Ayyoubi, die auch das Viertel im Süden umringt. Eine weitere, die Al Yarmouk, führt mitten durch das einem Dreieck gleichenden Palästinenser-Viertel. Ich überlege, welche der Straßen wir nehmen sollen oder ob wir auf der mittleren überhaupt fahren können. Vielleicht müssen wir ja auch einen Kontrollpunkt passieren oder werden bereits am Eingang zu dem Stadtteil abgewiesen.

„Ich war immer wieder gerne in Yarmouk und habe mich dort wohlgefühlt“, meldet sich Mahmuds Stimme von hinten. „Es war ein lebendiger und lebensfroher Stadtteil. Das Leben spielte sich hauptsächlich in der großen Straße Al Yarmouk ab. Man traf sich dort beim Einkaufen oder auch am Abend in den Cafés und Restaurants. Wir hatten viele Freunde und Bekannte dort. Einige weitläufige Verwandte lebten hier. Einer war Geschäftsmann und hatte dort viele Jahre ein florierendes Lebensmittelgeschäft“, fährt er fort.

Sein letzter Satz trifft mich wie ein Blitzschlag und ich muss sofort an meinen Bruder denken, der in seinem Laden bei einem Bombenangriff ums Leben kam. Ein kalter Schauer läuft mir den Rücken hinunter. Etwas verzweifelt schaue ich im Rückspiegel nach meinem Fahrgast. Er kann ja nichts dafür und weiß nichts von den Schicksalen in meiner Familie.

Auch das ist ein Teil unseres Alltags hier in dieser Stadt und diesem Land geworden: Wie aus heiterem Himmel wird man wieder mit einer schrecklichen Situation oder einem verheerenden Erlebnis konfrontiert. Unzählige Familien sind davon betroffen. Der Krieg hat überall Spuren hinterlassen.

Ich halte ganz kurz den Atem an und versuche, mir nichts anmerken zu lassen. Ich schaue nochmals in den Rückspiegel. Mein Fahrgast scheint ganz aufgewühlt, unruhig, ungeduldig oder auch neugierig zu sein. Ich kann es nicht einordnen.

An meinem inneren Auge ziehen Bilder aus den Straßen Yarmouks vor dem Krieg vorbei. Das Camp dehnt sich über etwas mehr als zwei Quadratkilometer im Süden von Damaskus aus. Es war die größte Gemeinde palästinensischer Flüchtlinge aus dem israelisch-arabischen Krieg von 1948.

Bei der Gründung lag das Camp noch außerhalb der Stadtgrenzen von Damaskus. Die Bewohner als palästinensische Flüchtlinge und deren Nachkommen waren in Syrien akzeptiert. Mit den Jahren hatten sie sich mit ihrer sicher nicht einfachen Situation im Alltag arrangiert. Die Menschen gingen ihren Beschäftigungen nach. In den beiden großen Straßen, die von Norden nach Süden durch Yarmouk gehen, herrschte reges Treiben.

Zwischen und vor den üblichen Geschäften gab es zahlreiche Verkaufsstände mit allerlei Obst und Gemüse sowie Gewürzen. Andere boten Süßigkeiten an. Aber auch Hausrat, Stoffe, Kleidung oder einfache Alltagsgegenstände konnte man finden. Dazwischen verführte immer wieder ein Duft nach orientalischen Gerichten, wie Falafel, Hummus, Kebab, Fatteh und Kibbeh.

In den Nebenstraßen gingen die Kinder ihren unterschiedlichen Spielen nach. Bei den Jungs stand natürlich Fußball an erster Stelle. Wenn der Lärm von Verkehr und geschäftigem Treiben etwas abebbte, war aus den Gassen das fröhliche Lachen der Kinder zu hören. Öfter erschallte auch ein ausgelassenes Singen oder Tanzen von kleinen Gruppen, wenn es eine Familienfeier oder Hochzeit gab.

Wenn man nicht gewusst hätte, dass hier überwiegend über die ganzen Jahre Palästinenser als Flüchtlinge lebten, man hätte das Gefühl haben können, sich in einem normalen, lebendigen Stadtteil, einer Stadt in der Hauptstadt Damaskus zu befinden. Die Bewohner hatten sich unter den Gegebenheiten des Regimes, so gut es möglich war, eingerichtet und ihren Alltag organisiert.

Gesichter eines Ortes, einer versunkenen Stadt, eines Lebens, das es so nicht mehr gibt und geben wird. Höchstens festgehalten auf Fotos, in bewegten Bildern oder den Erinnerungen der Menschen von einer untergegangenen Welt.

Eine tiefe, unendliche Wehmut steigt in mir auf. Von all dem ist so gut wie nichts übriggeblieben, geht es mir durch den Kopf.

Was erwartet uns jetzt gleich? Meine Finger am Lenkrad werden leicht zittrig und feucht.

Wir sind am Ende der Straße Al Zahira angekommen. Sie mündet in die Wassermelone, wie wir den langgezogenen Kreisverkehr nennen, der am Nordrand von Yarmouk verläuft.

Von hier aus erreicht man die drei großen Straßen des Viertels. Mein Pulsschlag wird schneller. Mit mulmigem Gefühl lenke ich den Wagen zögerlich in den ovalen Kreis.

Mein Fahrgast war in den letzten Minuten ganz schweigsam und gab kein Wort von sich. Besinnlich schaut er aus dem Fenster. Er scheint zu grübeln in ungewisser Erwartung.

„Oh mein Gott", höre ich seine Stimme.

Wir können schon von hier aus die trostlose Ruinenlandschaft erkennen.

„Was haben die mit Yarmouk gemacht?", fragt er aufgebracht zum Fenster hinaus, ohne eine Antwort von mir zu erwarten.

Wie lange bin ich nicht mehr hier gewesen, überlege ich. Ich fahre noch langsamer.

Es gibt nur wenig Verkehr, so dass sich niemand hinter mir durch Hupen darüber aufregen kann. Wir können die größere Al-Bashir Moschee sehen, die östlich neben der Palestine Straße liegt. Sie sieht auf den ersten Blick unversehrt aus. Ich schaue mich weiter um und kann im ganzen Bereich keinen Kontrollpunkt ausfindig machen.

Wir scheinen heute Glück zu haben.

Wir verlassen den ovalen Kreisverkehr und steuern auf die Palestine Straße zu, die hier mit der Al Yarmouk zusammenfließt. Ich werfe einen nur flüchtigen Blick die Straße entlang und schließe die Augen für einen kurzen Moment.

Schweißperlen rinnen über meine Stirn die Wangen hinunter. Die Bilder sind fast nicht zu ertragen, wenn man die Straßen von früher her kennt.

„Können wir bitte die mittlere Straße durch das Viertel nehmen, Al Yarmouk heißt sie, glaube ich?“, tönt etwas unsicher die Stimme von hinten.

„Ich kann es versuchen. Ich weiß aber nicht, wie weit diese befahrbar ist“, erwidere ich mit Zittern in der Stimme und einer dicken Gänsehaut. Im Schritttempo biege ich mit starrem Blick auf die Fahrbahn nach rechts zunächst auf die Palestine Straße ab.

Was wir dann zu sehen bekommen, ist kaum zu beschreiben. Ein unfassbares Trümmermeer aus einstigen Wohnhäusern und Geschäften. Ich muss höllisch aufpassen, da die Fahrspur in der Mitte nur dürftig frei geräumt ist. Überall liegen Trümmerteile, Stein- oder Betonbrocken und Unrat herum.

Beängstigende Stimmung liegt schwer in der Luft. Grauenvolle Bilder kommen uns entgegen. Ein unwirklicher Ort. Mauerreste ragen gespenstisch in die

Luft, so als ob sie das Ungeheuerliche in den freien Himmel hinausschreien wollten.

„Jetzt kann ich den Ausspruch eines Abgesandten der Vereinten Nationen verstehen, den ich vor einiger Zeit in einem Bericht gelesen habe: *das Camp Yarmouk ist ertrunken in Zerstörung*“, vernehme ich die benommene und leise Stimme von Mahmud.

Ich antworte ihm darauf nicht, fahre langsam weiter und wende meinen Blick nach rechts und links in die seitlichen Straßen hinein. Das gleiche Bild einer unvorstellbaren Vernichtung eines ehemals lebendigen Wohnortes in der Hauptstadt Damaskus.

Mir fällt auf, dass die sonst üblichen elektrischen Leitungen und Kabel an den Straßen fehlen.

Ich hatte davon gehört, dass Angehörige der Armee diese abmontierten und aus dem Viertel schafften. Genauso wurden Metalle und brauchbare Materialien in den Trümmern eingesammelt und weggebracht. Es hat den Anschein, dass niemand mehr hierher zurückkommen sollte.

„Hier soll wohl niemand mehr leben können, wie es aussieht“, höre ich den schockierten Kommentar dazu von meinem Fahrgast. Er hatte denselben Gedanken wie ich.

Einige eingehüllte Gestalten huschen mit ängstlichen Blicken weiter hinten zwischen und unter den bedrohlichen Trümmerteilen. Es hat sie gewiss hierher verschlagen, da sie im ganzen Elend nicht wissen, wohin sie sonst gehen sollen. Hier haben sie vielleicht sogar ihre Ruhe, da niemand mehr Interesse hat an diesem ausgelöschten, in Zerstörung ertrunkenen Viertel. Sie hausen vermutlich in den wenigen nicht einsturzgefährdeten Gebäudeteilen oder Erdgeschossen einiger Häuserreste.

Vor mir bewegt sich etwas aus einer Seitenstraße. Ich fahre noch vorsichtiger. Zwei Ausgehungerte in Lumpen gehüllt schieben einen Karren mit Habseligkeiten vor sich her. Flüchtige, nichtssagende Blicke werfen sie nur kurz zu uns herüber und schieben ihren Karren kraftlos weiter. Ob sie auf der Suche nach einem Unterschlupf in diesen trostlosen Straßen sind, frage ich mich.

Mein Fahrgast hinten schweigt. Die Bilder, die an uns vorbeiziehen, haben ihm die Sprache verschlagen. Ob er dies so erwartet hat bei seinem Plan durch Yarmouk zu fahren?

Es fällt auch mir sehr schwer, wirklich zu glauben, was ich auf dieser Fahrt zu sehen bekomme.

Ich habe ja einiges über das Viertel gehört. Aber das, was ich jetzt mit eigenen Augen anschauen muss, übertrifft alles.

Welche Menschenverachtung muss sich bei denen eingenistet haben, die so etwas anrichten?

Ich fahre noch langsamer.

Von hinten ein tiefer Seufzer und entsetzte Blicke durch die Autoscheiben nach draußen. Mein Fahrgast schüttelt nur verständnislos mit dem Kopf. Vorsichtshalber habe ich alle Fenster hochgefahren.

Mahmud sitzt weiter wie gelähmt und stumm auf der Rückbank. Wir passieren im Schritttempo die jämmerlichen Reste eines ehemaligen Ladens, zu erkennen an Buchstabenfetzen, die mahnend aus Gesteinshaufen ragen.

Bilder in Gedankensplitter, umherirrende Gestalten, Fragen aufwerfende Leerstellen schwirren wie ein *Klagelied* in meinem Kopf:

Ertrunkene Stadt
(Klagelied)

Bilder einer Stadt, Bilder von Menschen
nicht mehr vorhanden,
fühlt sich wie Leerstellen an,
an Stellen, wo einmal Leben war,
unvollendete, nicht mehr ausgesprochene Sätze,
da niemand zu sprechen da ist,
niemand zu sprechen in der Lage ist,
niemand mehr sprechen kann.
Verloren gegangene Erinnerungen,
da niemand mehr da ist sich zu erinnern.

In Zerstörung, in Trümmern ertrunkenes Leben,
in Zerstörung und Trümmern versunkene Stadt.
Ich ziehe mich an und ziehe durch das Viertel,
das nicht mehr sein darf.
Gedanken an Vergangenes quälen mich,
sie lassen mich nicht mehr los.
Erinnerungen entrinnen meinen Händen,
ich kann nicht festhalten, was nicht mehr existiert.
In der Vergangenheit sich einrichten,
das kann ich nicht mehr,
die Gegenwart ist nicht die meinige,
mir bleibt und mich trägt aber die Hoffnung
auf eine andere, eine bessere Zukunft!

„Wer ist dafür verantwortlich?“, höre ich leise Mahmuds verzweifelte Stimme von hinten. Ich muss sofort wieder an meinen Bruder denken und sage nichts dazu.

Mich beschleicht ein mulmiges und ungutes Gefühl, das mir sagen will, was wir hier überhaupt machen, warum wir hier durchfahren, wozu das überhaupt gut sein soll.

Ich habe keine Antwort darauf.

Langsam, fast schleichend lasse ich meinen Wagen weiterrollen, immer auf der Hut nach spitzen Gegenständen und auf der Fahrbahn herumliegenden Trümmerteilen, die uns ausbremsen könnten.

Das wäre es noch, hier in dieser Tristesse einen Reifenschaden und nicht mehr weiterfahren können. Ich will es mir gar nicht erst vorstellen.

Ein dichtes Netz an kleinen Seitenstraßen erstreckt sich im Viertel rechts und links von der Straße Al Yarmouk. Überall das gleiche Bild der eingestürzten Häuser und Ruinen.

Fassungslos schaue ich immer wieder in die leblosen Seitenstraßen, wo einmal normales Leben war und viele Menschen ihrem Alltag nachgingen. Freiwillig werden nur noch wenige hierher zurückkommen wollen, vermutlich nur die, welche absolut keine anderen Möglichkeiten haben.

Wieviel menschliches Leid, wieviel Elend verbirgt sich hinter diesen Trümmerfassaden?

Ich kann es mir kaum ausmalen.

Wir folgen der Straße geradeaus weiter. Schweigend blicken mein Fahrgast Mahmud und ich in die bedrückende Leere, die sich vor uns auftut, Leere von kargen Mauerresten eingerahmt. Ein Bild des Schreckens und Grauens.

Nach ewig empfundenen Minuten sehe ich vorne die große Querstraße Salah Ed Deen Al Ayyoubi. Mahmud atmet hinter mir tief durch. Ich drehe mich um und schaue mit fragendem Blick nach hinten. Seine Betroffenheit steht ihm im Gesicht.

Ich sage nichts.

Ohne Worte schauen wir aus dem Auto.

Der Wagen rollt nur langsam vor sich hin.

Und dann geschieht es.

Ein Ruck reißt uns aus unserer Schockstarre. Gefolgt von einem pfeifenden Geräusch, das ich lieber nicht hören möchte. Mir ist sofort klar, was passiert ist. Was ich schon bei der Einfahrt in das zerstörte Viertel befürchtet hatte, hat uns ereilt.

Der Wagen neigt sich vorne rechts etwas zur Seite. Ich muss nicht überlegen, ich habe mir eine Reifenpanne eingefangen.

Normalerweise würde ich in einer solchen Situation brüllen und alle möglichen Dinge und Anlässe verfluchen. Aber das, was wir in der vergangenen halben Stunde gesehen haben, hindert mich daran. Ich bleibe regungslos sitzen. Meine übliche Reaktion bei einem solchen Vorfall ist ebenfalls durch die Eindrücke erstickt worden.

Auch Mahmud weiß direkt, was passiert ist, und fragt leise: „Was machen wir jetzt?"

Und fügt sofort verzweifelt hinzu, dass es ihm sehr leidtue. Es sei seine Schuld.

Wir steigen vorsichtig aus und schauen uns die Katastrophe an. Wie soll es jetzt weiter gehen, frage ich mich.

Wo und wie kann ich einen Ersatzreifen bekommen, hier in diesem zerstörten Viertel?

Wir schauen uns fragend an und wissen nicht, wie wir hier wieder rauskommen sollen.

رثاء المدينة غارقة

(Klagelied: Ertrunkene Stadt)

صور المدينة وصور الأشخاص
لم تعد هناك
تبدو وكأنه مساحات فارغة
في الأماكن التي كانت فيها الحياة ذات يوم
الجمل غير المكتملة ، لم تعد قابلة للنطوق
لا يوجد أحد لينطقها
لا أحد قادر على الكلام
لا أحد يستطيع الكلام بعد الآن
خسرنا الذكريات
لم يتبق أحد ليتذكرها

الحياة غارقة في الدمار والخراب
غرقت المدينة في الدمار والخراب
أرتدي ملابسي وأذهب في الحي
لم يعد الحي كما كان
أفكار الماضي تعذبني
و لن تتركني افكاري
الذكريات تضيع من اليدين
لا أستطيع التمسك بما لم يعد هناك
ليستقر في الماضي
لا يمكنني فعل ذلك بعد الآن
الحاضر ليس لي
يبقى لي، ولكنه يحمل الأمل
إلى المستقبل المشرق المختلف

Al Nawfara – ältestes Café direkt an der Treppe zur Umayyaden-Moschee im Zentrum von Damaskus (Ibrahim Doudieh, 2018)

Zurück aus dem gelobten Land

Marwan muss nicht sehr lange an dem vereinbarten Ort einige Kilometer hinter der libanesischen Grenzstation auf dem freien Gelände warten, bis er ein gelbes Taxi kommen sieht. Als nun der Wagen, den ein guter Freund der Familie für ihn zur libanesischen Grenze bestellt hatte, in einiger Entfernung vor ihm steht, beschleicht ihn ein seltsames Gefühl, nach so langer Zeit wieder syrischen Boden unter den Füßen zu spüren und zurück zu sein in seiner Heimat. Die Grenze zum Libanon ist zu dieser Zeit für Syrer, die in das Land einreisen wollen, noch relativ gut passierbar. Schon während des Hinflugs spürte Marwan eine stärker werdende innere Aufregung. Eine ungewohnte Nervosität machte sich in ihm breit. Jetzt, wo er auf syrischem Boden steht, kommt eine angsterfüllte Unsicherheit hinzu, die Ungewissheit, was ihn erwarten wird und ob sich seine Entscheidung wieder zurückzukehren als richtig erweisen wird. Viele vergangene Bilder ziehen an ihm vorbei, besonders von den Erlebnissen bevor er weggegangen ist. Irgendwie fühlt es sich fremd an, wieder in seinem Syrien zu sein. Vor fast zwei Jahren hatte nach langem Zögern und vielen Überlegungen aufgrund der immer schwieriger werdenden Verhältnisse seine Heimat verlassen.

Er kann auch eine bestimmte Abneigung, die ihn überfällt bei dem Gedanken an die schrecklichen Erlebnisse, nicht ausblenden. Schließlich hatte er genügend Gründe, dieses aus den Fugen geratene Land zu verlassen. Und er ist sich nicht einmal sicher, ob die Behörden ihn auf dem Kicker haben werden, wenn sie erfahren, dass er wieder zurückgekommen ist und sie ihm deshalb Schwierigkeiten machen werden.

Aber er hat sich nichts vorzuwerfen. Obwohl er sich seit langem nach diesem Tag gesehnt hatte, kann er die Befürchtungen und Ängste, die mit der Rückkehr verbunden sind und ihn jetzt erfassen, nicht verdrängen.

Ich bekam zwei Tage vorher, als ich wartend in meinem Wagen saß und etwas gelangweilt dem Treiben auf den Straßen in Damaskus zuschaute, einen Anruf von einem Bekannten. Er erklärte mir, dass er einem jungen Mann helfen wolle, der zurück nach Syrien kommt. Er fragte mich, ob ich zur libanesischen Grenze fahren könne, um den Rückkehrer dort abzuholen. Er würde die Kosten der Fahrt für den

Heimkehrer übernehmen. Dieser komme übermorgen mit dem Flugzeug nach Beirut und von dort bis zur Grenze.

Er beschrieb mir genau den Treffpunkt. Ich erinnerte mich, dass ich diesen Ort kenne, da ich in der Vergangenheit einige Male eine Fahrt dorthin hatte, um verschiedene Fahrgäste abzuholen. Ich solle gegen Mittag dort sein, erklärte er mir.

Ich starte also rechtzeitig gegen 11 Uhr am Vormittag und nehme die schnellste Strecke über die Autobahn Richtung Beirut. Es herrscht wenig Verkehr. Ich komme gut voran. Nach etwa fünfzig Minuten erreiche ich den einige Kilometer von dem libanesischen Gebiet entfernten Grenzort.

Dort verlasse ich die Autobahn und nehme einen wenig befahrenen Weg, der durch landwirtschaftlich genutzte Felder führt. Nach einigen hundert Metern gelange ich an ein freies Gelände. Das sollte der verabredete Treffpunkt sein.

Ich fahre vom Weg ab und bleibe am Feldrand stehen. Kurz darauf erscheint ein junger Mann mit einem unauffälligen Rucksack bepackt. Er hatte sich hinter einem kleinen Hügel versteckt. Von dort hatte er mein Taxi entdeckt.

Ich steige aus meinem Wagen. Er kommt sofort mit zügigen Schritten auf mich zu und gibt mir zu verstehen, dass er auf mich gewartet hat. Ein Freund der Familie habe dies organisiert. Er stellt sich erwartungsfroh mit seinem Namen Marwan vor.

Ich begrüße ihn und erkläre ihm, dass ich mich sehr freue, dass wieder einmal jemand nach Syrien zurückkomme. Innerlich kann ich dies nicht so ganz nachvollziehen angesichts der chaotischen Verhältnisse, die hier herrschen und uns tagein und tagaus gängeln. Aber vielleicht hat er einen triftigen Grund und wird es mir auf der Fahrt erzählen.

Schnell packe ich seinen Rucksack in den Kofferraum und lade ihn ein einzusteigen. Er steigt vorne ein. Das ist mir in diesem Fall recht, da ich sehr neugierig bin auf seine Geschichte und vor allem, warum er nach Syrien zurückgekommen ist.

Ich schaue mich nochmals in allen Richtungen um, ob die Luft rein ist, und fahre los. Zunächst wirkt Marwan sehr ruhig, in sich gekehrt und nachdenklich. Wahrscheinlich rotieren unheimlich viele Bilder und Gedanken durch seinen Kopf. Als wir schon die Auffahrt zur Autobahn sehen, regt er sich und fängt an zu erzählen.

„Ich bin vor knapp zwei Jahren mit großer Zuversicht hier weggegangen. Die Situation in Syrien und Damaskus war für mich unerträglich geworden. Ich wusste nicht, wie ich überleben sollte. Und dann die vielen Gefechte und Bombenangriffe. Es wurde immer gefährlicher. Ich habe mich einer Gruppe angeschlossen und habe mit großer Hoffnung und Erwartung meine Heimat, mein Leben und meine Familie zurückgelassen. Und dann fand ich mich wieder als Flüchtling in einem Camp in einer fremden Stadt.“

Ich höre ihm aufmerksam zu und merke, dass es ihm nicht leicht fällt darüber zu sprechen. Ich sage deshalb nichts und warte einfach ab.

Schnell haben wir die Autobahn erreicht und fahren in Richtung Damaskus.

„Ich hatte viele Wünsche und Träume in meinem Gepäck, als ich mich damals auf den Weg gemacht habe", fängt er nach einer Weile an.

„Und dann überkam mich nach einer riskanten Flucht, über die ich jetzt gar nichts berichten möchte, ein jähes Aufwachen." Er macht eine längere Pause, bevor er weiterreden kann.

„Wir hatten vor dem Krieg ein normales, schönes Leben, wohnten in einem geräumigen Haus und hatten alles, was wir brauchten. Und dann sitze ich plötzlich in fremder Umgebung mit drei anderen aus verschiedenen Ländern in einem Raum. Diese ersten Tage in dem Aufnahmelager werde ich nie vergessen. Ich habe mich nicht aus dem Lager nach draußen getraut und wusste nicht einmal so richtig, wo ich gelandet war."

Marwan hält erneut inne.

Er schaut lange und mit suchenden Blicken aus dem Fenster in die vorbeiziehende Landschaft.

„Noch nie hatte ich mit völlig Fremden in einem Zimmer derart eng zusammengelebt. Ich war es nicht gewohnt und hätte es mir auch bis dahin nicht vorstellen können. Auf sich allein gestellt, keine Privatsphäre, andere Lebensgewohnheiten. Dazwischen das Gefühl einsam und verlassen zu sein. Plötzlich kam das alles in mir hoch und die ersten Zweifel, ob ich wirklich das Richtige gemacht hatte."

Wieder eine Pause, diesmal noch länger. Ich reiße mich zusammen, obwohl ich ihn gleich mit meinen Fragen bombardieren möchte. Ich fahre bewusst langsam weiter, damit er erste Eindrücke von hier aufschnappen kann.

„Weißt du", setzt er mit einem Seufzer an, „wie der Alltag in diesem Camp verlief? Sicherlich waren die Betreuer dort sehr bemüht und freundlich. Aber gegen die Eintönigkeit und den Tagesablauf konnten sie nicht viel ausrichten. Ungewisses Warten, unnützes Herumsitzen, vor sich hin sinnieren, quälende Gedanken, wie es wohl weitergehen wird, im festen Rhythmus das fremde Essen, für alle gleich. Manche konnten es gar nicht vertragen. Dass dies zu Spannungen und Auseinandersetzungen führen muss, war nur eine Frage der Zeit. Neben den Zimmern für vier Personen gab es eine Toilette für zwanzig Personen. Gerangel und Gekeife vorprogrammiert."

Ich schaue fragend zu ihm herüber. Schmerzvolle Blicke treffen mich. Ich sage nichts.

„Sitzen, warten ohne Idee, was man tun könnte, was einen erwartet. Warten, ob etwas einen weiterbringen kann. Dieses Warten macht einen nach einer Zeit verrückt. Innere Kämpfe mit sich selbst, aggressive Diskussionen mit anderen. Es war kein friedvolles Zusammensein in dem Lager. Alle hatten wir viele schrecklichen Dinge erlebt. Wir vermissten unsere Familien, Freunde und unser gewohntes Leben. Es war nichts von dem gewohnten Alltag übrig. Wir hatten nur Habseligkeiten bei uns. Und die Ungewissheit machte viele wütend. Das ließen sie dann oft den Nächststehenden spüren."

„Das war wirklich nicht einfach für dich. Und du hattest dir die Situation bestimmt ganz anders vorgestellt", melde ich mich mal zu Wort.

Marwan nickt zustimmend und fügt hinzu: „Die ersten Tage und Wochen waren insgesamt schwer zu ertragen. Mit der Zeit gewöhnt man sich zwar an den tristen Ablauf über den Tag hinweg. Wir wagten auch kleinere Spaziergänge außerhalb in der Stadt. Aber das Gefühl der Fremdheit und die Sehnsucht nach Familie und Freunden nahmen in gleichem Ausmaß zu. Fast alle quälte ein Heimweh nach dem gewohnten Leben. Wir merkten aber auch, dass die Betreuer bei allem guten Willen oft überfordert waren. Manchen konnte man das richtig ansehen. Auch sie quälten sich."

„Eines Tages kam Bewegung in unsere Tristesse. Wir sollten uns am nächsten Morgen melden und unsere Papiere bereithalten, die wir schon bei der Ankunft vorzeigen mussten, um von der Behörde erfasst zu werden. Unbegrenzte Hoffnung machte sich im Lager breit. Alle liefen erwartungsfroh herum. Hauptsache war für uns, dass sich etwas bewegte, eine willkommene Abwechslung."

Marwan erzählt mir weiter von den Befragungen der Behörden. Bei der Überprüfung seiner Papiere, erklärten sie ihm, dass diese nicht vollständig seien. Das wäre ein Problem. So musste er länger auf die Anerkennung warten und konnte auch nicht für eine Tätigkeit vermittelt werden. Er beklagte sich, dass er ja keinerlei Möglichkeit hatte, an erforderliche Bescheinigungen und dergleichen zu kommen. Die üblichen diplomatischen Wege seien äußerst schwierig gewesen.

Fast die halbe Strecke auf unserem Rückweg nach Damaskus haben wir geschafft und ich höre Marwans Schilderungen gespannt zu.

„Zehn lange Monate habe ich in diesem Zustand in dem Aufnahmelager verbracht", erzählt er weiter. „Die Termine und Gespräche mit den zuständigen Ämtern führten nicht wirklich weiter. Die Menschen, denen ich begegnet bin auch in der Stadt, waren durchaus freundlich und gut. Ich hatte inzwischen einige Kontakte und besuchte auch einen Sprachkurs, aber es fiel mir unendlich schwer, mich mit der total fremden Sprache und Kultur anzufreunden. Mehr und mehr musste ich mir eingestehen, dass meine Zukunftsaussichten nicht besonders gut waren. Mein Aufenthaltsstatus war vorübergehend. Die Hoffnung und die Aussicht auf eine Arbeit oder irgendeine Beschäftigung schwanden mit jeder Woche dahin."

„Ich dachte, es wäre gar nicht so schwierig, mit einer Arbeit Geld zu verdienen", mische ich mich ein.

„Das Problem sind die vielen Anträge, Genehmigungen und da gibt es Schwierigkeiten an allen möglichen Stellen“, antwortet Marwan aufgewühlt.

„Du musst wissen, dass viele bis zu zwei Jahre auf die Anerkennung warten. Erst dann kannst du wirklich Hilfe bekommen. Bis dahin bekommst du alle vier Wochen einen Termin, um das Nötigste zu erhalten. Ohne Anerkennung kannst du das Land auch nicht verlassen. Du hast keinen Ausweis dafür.“

Ich staune über Marwans Geschichte und sage zu ihm, dass ich mir dies nicht so schwierig vorgestellt hätte. Vielen sei das nicht bewusst.

Er erwidert, dass dies insgesamt sehr frustrierend gewesen sei. Die meisten hätten nicht verstehen oder nachvollziehen können, warum etwas nicht weiterging oder keine Genehmigung erfolgte. Man sei zu fast allem auf die Hilfe anderer angewiesen gewesen. Das hätte er auch nicht gekannt. Früher hatte er sein Leben selbst in der Hand gehabt und gestaltet. Der Frust und die Ohnmacht, die ständig damit einhergingen, hätten ihm sehr zu schaffen gemacht.

Als er dann die Nachricht erhalten habe, dass sein Onkel krank sei und dringend Hilfe benötige, sei der Gedanke zur Rückkehr in ihm gereift.

Das Haus seiner Eltern sei bei einem Angriff zerstört worden. Beide seien in den Trümmern umgekommen. Nun hätte er nur noch die Familie seines Onkels. Und dessen Haus sei unversehrt und biete viel Platz.

Er habe einige Male mit seinem Onkel gesprochen und der Wunsch, ihm helfen zu können, ließ ihm keine Ruhe mehr.

Bei den folgenden Terminen mit der Ausländerbehörde sei ihm klar geworden, dass er möglicherweise noch lange auf eine Verbesserung seiner Situation warten müsse. Und das führte zu seinem Entschluss, trotz der schwierigen Lage nach Syrien zurückzukehren.

Nach den monatelangen Qualen, nach all den enttäuschten Hoffnungen habe er keinen anderen Ausweg mehr für sich gesehen.

„Beim nächsten Termin wollte ich mich auf jeden Fall genauer erkundigen und fragte den Berater, ob und wie es für mich möglich sei, in mein Land zurückzukehren. Denn ohne Papiere konnte man ja gar nicht auszureisen. Der Berater erklärte mir, dass dazu eine Genehmigung notwendig sei. Ich könne einen Antrag stellen und eine Rückkehrhilfe erhalten. Diese umfasse ein Ticket für den Flug, eine Starthilfe und etwas Reisegeld“, erklärt Marwan mit leichterer Stimme.

„Du kannst dir gar nicht vorstellen, wie überrascht ich gewesen bin. Ich hätte mir eine Rückkehr doch gar nicht leisten können. Aber in diesem Punkt gibt es eine schnelle und problemlose Hilfe. Als ich die Ausländerbehörde verließ, stand mein Entschluss fest und ich stellte den Antrag für meine Rückkehr. Und deshalb sitze ich jetzt hier in deinem Wagen.“

„Das freut mich sehr“, entgegne ich nur kurz.

„Aber ich habe dennoch große Angst, was mich hier erwarten wird und ob mein Entschluss wirklich richtig gewesen ist“, seufzt er.

„Vielleicht mache ich mir ja auch jetzt ganz falsche Vorstellungen, genauso wie bei meinem Weggang. Wenigstens kenne ich das Leben hier und hoffe, einiges von dem wiederzufinden, was ich all die Jahre vorher hatte. Ich weiß, dass sich vieles durch die kriegerischen Auseinandersetzungen verändert hat und meistens nicht zum Besseren. Aber insgeheim hoffe ich, dass ich mich hier besser zurechtfinden werde als in der Fremde.“

Ich schaue zu ihm rüber und versuche ihm Mut zu machen, denn er habe ja eine Bleibe, Familienangehörige und eine Starthilfe. Das sei für den Anfang doch das Wichtigste. Der Rest werde sich schon irgendwie finden. Wir könnten ja in Kontakt bleiben.

Arabic Patio – traditionelles syrisches Wohnhaus mit Lichthof in Damaskua (Ibrahim Doudieh, 2018)

Musik statt Straßenglück

Wir sind im Jahr 2017. Meine Fahrt heute zeigt mir auf eindrückliche Weise einmal mehr, wie verschiedenartig die Menschen in Damaskus zum Teil leben. Auf der einen Seite gibt es ganze Viertel, in denen scheint sich nicht viel verändert zu haben. Die Menschen führen ein normales und gutes Leben. Dem Anschein nach geht alles seinen gewohnten Lauf.

Auf der anderen Seite, in einigen Fällen nur wenige hundert Meter entfernt, hat der Krieg entsetzlich gewütet und Straßen- und Häuserwüsten hinterlassen. In diesen zerstörten Vierteln herrscht oft Hunger und unsägliche Not. Und dazwischen treffe ich immer wieder auf die vielen dahinvegetierenden Straßenkinder. Namenlose habe ich sie genannt.

Man kann manchmal nicht glauben, dass so nahe nebeneinander solche gewaltigen Unterschiede herrschen. Aber ich bekomme sie fast täglich zu sehen.

Deshalb möchte ich auch diese Geschichte von einem anderen Leben in dieser Stadt erzählen.

Ich bin auf dem Weg zu einer Musikschule im Norden von Damaskus. Ich soll eine Schülerin nach ihrem Unterricht abholen und nach Hause in das wohlhabende Viertel Al Baramaka bringen.

Als ich kurz nach 16 Uhr vor der Schule ankomme, sehe ich ein Mädchen wartend mit ihrem Geigenkasten am Tor stehen. Das müsste sie sein. Ich halte an und gehe zu ihr.

„Bist du Suzan?" frage ich sie.

„Dein Vater hat mich am Morgen angerufen, ich soll dich nach Hause bringen."

„Ja, das bin ich, er hat mir Bescheid gesagt, dass er mich heute nicht abholen kann", erwidert sie freundlich. Ich fordere sie auf mitzukommen. Sie steigt wie selbstverständlich hinten ein.

„An zwei Tagen in einer Woche habe ich nachmittags Musikunterricht", fängt sie ungestüm an, als ich losfahre.

„Bisher hat mein Vater mich immer hierhergebracht. Aber er hat keine Zeit mehr dafür. Wirst du mich jetzt immer abholen und auch hinbringen?"

„Das weiß ich noch nicht", antworte ich ihr. „Das muss dein Vater entscheiden."

„Wir können ihn ja gleich fragen, wenn wir zu Hause ankommen", sagt sie.

Die weiß ganz gut, was sie will, denke ich. Für ihr Alter macht für sie einen forschen Eindruck.

Ich wende vor der Schule und fahre die große Straße in Richtung Süden. So sehr weit ist der Weg zu ihrer Schule ja nicht. Aber ein dreizehnjähriges Mädchen kann man unmöglich allein losschicken durch die Stadt. Das ist zu unsicher.

Ich bin echt gespannt auf den Vater. Er ist Unternehmer und hat mehrere Firmen, wie Suzan mir direkt erzählt. Sie bewohnen ein großes Haus. Sie hat zwei kleinere Geschwister, erfahre ich. Einen Bruder und eine Schwester.

Während der Fahrt plaudert sie nur so drauf los. Ich habe allerdings das Gefühl, dass sie mit vielen Dingen klar herausstellen will, aus welchem Haus sie kommt, und Eindruck schinden möchte. Das habe ich ja gern, schon als Kind angeben müssen mit dem, was man hat und was man ist. Es gehört eben auch zur Realität in Damaskus, dass die Menschen in ganz verschiedenen Welten leben. Diejenigen, denen es recht gut geht, nehmen die auf der anderen Seite allerdings oft nicht einmal wahr.

Suzan erzählt mir auch stolz, wie erfolgreich die Geschäfte ihres Vaters laufen. Das nehme ihn immer stärker in Anspruch. Es müsse sich intensiv darum kümmern. Deshalb könne er sie auch nicht mehr zur Musikschule bringen. Sie habe sich mit ihm gestritten, weil sie nicht mit einem anderen fahren wollte.

Es sei doch an nur zwei Tagen in der Woche. Das sollte er doch schaffen, hatte sie gesagt. Aber ihr Vater habe nicht nachgegeben.

„Und nun sitze ich hier mit dir in deinem Wagen“, raunt sie.

Wir biegen in die Straße, in der ihre Familie wohnt. Die Häuser in diesem Viertel sind groß und geräumig. Nach ungefähr hundert Metern ruft Suzan von hinten: „Da vorne wohne ich! Du kannst durch das Tor vors Haus fahren.“

Ich fahre langsam durch das breite Tor. Kaum bin ich zum Stehen gekommen, springt Suzan aus dem Wagen. „Ich rufe meinen Vater“, sagt sie und rennt die Stufen zum Eingang hoch.

Nach kurzer Zeit taucht ein gepflegter, schlanker Mann auf, Suzan im Schlepptau. Man sieht ihm direkt an, dass er ein wohlhabender Geschäftsmann ist. Suzan bequatscht ihn im Laufen, dass sie jetzt immer mit mir fahren möchte. Sie habe mir schon einiges erzählt über sich und die Familie.

„Du sollst fremden Menschen nicht immer so viel erzählen“, ermahnt der Vater sie. „Die Leute müssen nicht alles über uns wissen.“

Der hat wohl Angst um seine Geschäfte. Vielleicht geht auch nicht alles mit rechten Dingen zu, denke ich. Auf jeden Fall ist bei manchen von diesen Reichen Korruption oder Ähnliches im Spiel.

„Was ist jetzt?“, drängelt Suzan, ehe ihr Vater und ich uns überhaupt unterhalten können. Die ist ja richtig nervig. Sie erscheint mir jetzt nicht nur forsch, sondern auch ungeduldig zu sein und alles direkt bestimmen zu wollen.

Ihr Vater schickt sie zurück ins Haus, da er in Ruhe mit mir sprechen möchte. Unter Protesten bewegt sie sich langsam zur Eingangstür.

„Suzan scheint dich ja zu mögen“, kommt ihr Vater auf mich zu. „Das ist nicht immer einfach mit ihr. Was bekommst du für die Fahrt heute?“

„Ich habe immer weniger Zeit, sie zur Schule zu bringen, und das zweimal in der Woche. Kannst du das in Zukunft machen?“, fragt er weiter, ohne eine Antwort von mir abzuwarten.

„Ich zahle die Fahrt und auch die Wartezeit, während Suzan im Unterricht ist.“

Und dann nennt er sofort eine Summe für einen Monat. Ich stehe verdutzt da und bringe zunächst kein Wort heraus.

„An welchen Tagen ist das denn?“, frage ich etwas zurückhaltend.

„Am Dienstag und Mittwoch“, antwortet der Vater und erhöht sein Angebot noch ein wenig.

Er überrascht mich, denn er kennt mich doch gar nicht. Aber Suzan hat ihn mit ihrer Reaktion wohl direkt überzeugt. Ich tue so, als müsse ich genau überlegen, ob die Tage in meinen Zeitplan passen. Ich bekomme schließlich nicht so oft ein derart gutes Angebot. Vielleicht kann ich darüber auch andere, gutzahlende Kunden gewinnen. Das wäre angesichts der schwierigen Geschäftslage nicht schlecht.

Nachdenklich schaue ich zu ihm rüber. Dabei geht mir durch den Kopf, dass ich mit den festen zwei Tagen eine gute Basis haben würde. Und er zahlt nicht nur die Fahrt, sondern auch die Wartezeit während des Unterrichts. Das ist ein echtes Geschäft, muss ich mir eingestehen.

Soll ich ihm zunächst sagen, dass ich es mir in Ruhe überlege. Mensch überspann den Bogen nicht, ermahne ich mich selbst.

Der Vater wird ganz unruhig, schaut nervös auf seine Uhr und schaukelt von einem Bein aufs andere. Fragend blickt er mich ohne Worte an.

Ich gehe auf ihn zu und sage, dass ich einverstanden bin. Er reicht mir die Hand mit den Worten „Abgemacht! Morgen um 15 Uhr muss Suzan in der Musikschule sein. Ich verlasse mich darauf. Dein Geld erhältst du jede Woche am Mittwoch, wenn du Suzan zurückbringst. Wenn ich einmal nicht da sein sollte, weiß jemand im Haus Bescheid. Und jetzt muss ich zu meiner Arbeit. Also bis morgen."

Dreht sich auf dem Absatz um und verschwindet flott ins Haus. Knapp und klar ist er, überlege ich.

Von Suzan erfahre ich in den folgenden Wochen mehr und mehr über ihr Leben, die Familie und die Geschäfte ihres Vaters. Ob ihrem Vater das so recht ist? Da habe ich meine Zweifel. Ich sehe ihn ja nur selten. Meistens bekomme ich mein Geld von einem Bediensteten. Davon gibt es mehrere im Haus, wie ich aus Suzans Erzählungen weiß.

Nach einem Monat soll ich zur Zahlung der Woche zu ihrem Vater ins Haus kommen.

Ich bin gespannt, was er von mir will. Und die Überraschung kommt. Er macht mir ein Angebot als angestellter Fahrer für seine Firma.

Über die folgenden Tage denke ich ohne Pause intensiv über das Angebot nach und bin dabei hin und her gerissen. Ich liebe meine Tätigkeit und vor allem meine Unabhängigkeit, die ich mit dem festen Job für ein Unternehmen natürlich aufgeben müsste. Ständig schwanke ich zwischen den beiden Möglichkeiten: weiter wie bisher oder Neuanfang in einem Unternehmen.

Eine ganze Woche brauche ich für meine Entscheidung. Ich sage ich ihm, dass ich das Angebot nicht annehmen könne, aber weiterhin die Fahrten zur Schule mit Suzan machen würde. Ich schwindele dabei ein wenig, dass ich meine Stammkunden habe und diese nicht im Stich lassen könne.

In Wahrheit möchte ich die Begegnungen mit den unterschiedlichsten Menschen und deren Geschichten nicht vermissen. Bei allen Schwierigkeiten, die ich bei meinem Geschäft immer wieder habe, ist das doch das Spannende an meinem Beruf. Das würde ich alles aufgeben müssen und vielleicht eine langweilige Fahrertätigkeit für die immer gleichen Menschen einer Firma eintauschen.

Dann könnte ich Ihnen auch keine so spannenden und interessanten Geschichten, Schicksale und Begegnungen wie in diesem Buch mehr erzählen.

Von Yarmouk nach Dscharamana

Jetzt habe ich noch gar nicht berichtet, wie meine Fahrt oder besser gesagt das nicht eingeplante Abenteuer mit meinem Gast Mahmud, der nach Dscharamana wollte, weiterging nach der Reifenpanne im zerstörten Yarmouk.

Als ich aus dem Wagen aussteige, sehe ich die Katastrophe, die ich bereits befürchtet hatte. Scharfe Splitter liegen auf der rechten Seite der Fahrbahn zerstreut umher. Kein Wunder, dass mein vorderer Reifen da nicht heil durchgekommen ist. Zum Glück ist es nur der eine vorne und nicht noch ein weiterer. Mahmud schaut mich hilflos über das Autodach mit fragendem Blick an.

Ich fühle mich in diesem Umfeld der Zerstörung und Trümmer mehr als unwohl. Hier weiß man nie, was passieren kann. Und schon kommt ein Soldat der Armee aus der Seitenstraße um die Ecke einer Hausruine. Sein Gewehr im Anschlag fragt er mit harschem Ton, was wir hier machen würden. Es sei nicht erlaubt, sich an diesem Ort aufzuhalten, ob wir das nicht wüssten, und was wir hier überhaupt wollten.

Mahmud entgegnet ihm, dass er sich erkundigt habe und es erlaubt sei, durch Yarmouk zu fahren. Wir hätten jetzt eine Reifenpanne und nur deswegen würden wir hier in dieser Straße stehen.

Auf keinen Fall sollten wir uns mit dem Soldaten anlegen, schießt es mir durch den Kopf. Das könnte gefährlich werden. Es gibt schließlich sehr viele aus der Armee, die mit reiner Willkür agieren. Niemand kontrolliert sie oder verlangt Rechenschaft von ihnen. Wir würden also immer den Kürzeren ziehen.

„Du hast also mit deinem Taxi keine Erlaubnis für dieses Viertel“, faucht er mich an.

„Und was ist mit dir, was willst du hier?“, wendet er sich an Mahmud.

Mein Gefühl sagt mir, dass wir an einen der korrupten Kerle geraten sind, die es an vielen Ecken gibt und die aus einer solchen Gelegenheit nur Geld für sich schlagen wollen.

Ich schaue mich vorsichtig um. Niemand weit und breit zu sehen. Ist ja auch kein Wunder in dieser trostlosen Ruinenlandschaft.

Meistens sind diese Schurken in kleinen Gruppen unterwegs. Aber ich habe bereits öfter gehört, dass sie sich gegenseitig zugestehen, auch einmal alleine auf Beutezug zu gehen. Und da sind wir jetzt für den

Banditen hier ein gefundenes Fressen. Sicherlich beobachten seine Kumpel irgendwo im Hinterhalt aus einem Ruinengemäuer das Geschehen, um bei Bedarf eingreifen zu können. Die kaltschnäuzige Ruhe des Gesellen spricht dafür.

Also jeden Schritt und jede Bemerkung genaustens überlegen, trommele ich in mich hinein. Nichts riskieren! Es ist zu gefährlich.

Nur, wie bringe ich das Mahmud bei, ohne dass der Lauernde etwas davon mitbekommt.

Ich schaue zu meinem Fahrgast, der etwa zwei Meter vor der Kühlerhaube steht und den Reifen begutachtet. Für einen Bruchteil einer Sekunde zwinkert er mir zu. Ich schließe daraus, dass ihm der Ernst der Lage durchaus bewusst ist und er nichts Unbedachtes machen wird. Ich hoffe es inständig.

„Was ist jetzt?“, schnauzt der Uniformierte sein Gewehr weiter im Anschlag uns an.

Mahmud zieht mit klappernden Augen, unschuldig wie ein Kind, die Schultern hoch.

Ich bleibe starr stehen und rege mich nicht. Wie eine Katze, aber mit flauem Gefühl im Magen lauere ich, welche Bewegungen unser Gegenüber machen wird. Ganz geheuer ist er mir nicht.

Und dann kramt mein Fahrgast seelenruhig in seiner Jackentasche. Der hat Nerven, denke ich. Ich kenne ihn ja erst seit etwas mehr als einer Stunde und kann ihn nicht wirklich einschätzen. Aber die Situation ist ernst. Hoffentlich ist ihm das klar.

Nach einer Weile zieht er einige 1000er Scheine hervor und hält sie dem grimmig Schauenden entgegen. Beutegeil gieren dessen Augen auf der Stelle nach der hingehaltenen Hand. Sein Verhalten verrät, dass er nur darauf aus gewesen sein muss.

Habe ich mir doch gleich gedacht.

Was wird aber danach noch kommen?

Was will er dann?

Ohne Regung und keine Mine verziehend schaue ich dem Geschehen zu. Mahmud geht in Richtung des Uniformierten und fragt ihn salopp, ob das für eine Erlaubnis reichen würde.

Der hat wohl Erfahrung mit solchen Situationen, grinse ich ein wenig erleichtert in mich hinein.

Begehrlich greift der breitbeinig neben dem Wagen Stehende schnell nach den Scheinen. Nach einem hastigen prüfenden Blick nach rechts und links lockert sich seine bisher starre Haltung.

Was wird jetzt kommen, überlege ich unsicher.

Sichtlich entspannter schaut der Kerl zu uns herüber und fragt, wie wir denn aus Yarmouk wieder herauskommen wollen.

Ich traue meinen Ohren nicht, was ich dann zu hören bekomme und denke nur, das kann jetzt nicht wahr sein.

„Um die Ecke steht am Straßenrand ein kaputter Wagen, dessen Räder und Reifen noch ganz gut aussehen. Ich kann euch dort hinbringen“, vernehme ich ungläubig seine Stimme.

Innerlich muss ich mich schütteln vor Überraschung. Nach außen lasse ich mir nichts anmerken und frage ihn ruhig, wie wir denn das Rad abmontieren können. Gleich bietet er uns auch noch Werkzeug an, da sein Fahrzeug nicht weit weg in einer kleinen Seitenstraße stehe. Er dreht sich um und sagt, wir sollten ihm folgen.

Ist er doch etwa allein unterwegs und gar nicht so ein ausgebuffter Bandit, wie ich dachte?

Ich schaue Mahmud an.

Dieser antwortet nur mit einem smarten Grinsen und verzieht die Mundwinkel.

Für ihn ist das Ganze wohl eher ein - wenn auch ungeplantes – Abenteuer, über das er, wenn er wieder zurückgekehrt ist, vor seinen Freunden schwärmen kann.

Ich bin noch ziemlich aufgewühlt, ob dieses Abenteuer am Ende gut ausgehen wird.

Wir folgen also schnell und ohne weiter zu fragen dem Soldaten.

Er biegt gleich die nächste Straße links ein. Ungefähr 200 Meter weiter sehen wir einen kaputten Wagen. Das sei das Auto, fuchtelt er mit seiner Waffe in die Richtung. Und sein Fahrzeug habe er gleich um die nächste Kreuzung abgestellt. Wir sollten hier auf ihn warten, gibt er uns zu verstehen.

Mir kommt das Ganze noch unheimlicher vor zwischen diesen Trümmern. Was machen wir, wenn der Kerl jetzt verschwindet und nicht wiederkommt?

Der nächste Schurke wartet vielleicht schon bei unserem Wagen oder um eine andere Ecke.

Jetzt fällt mir blitzartig ein, dass ich mein Taxi gar nicht abgeschlossen habe. Ist vielleicht auch besser, sonst würde jemand die Scheiben einschlagen oder eine Tür zertrümmern, wenn er etwas Brauchbares in dem Auto vermutet. Auf der Rückbank habe ich wie so oft etwas zu essen liegen, für jeden sichtbar. Mal sehen, wenn wir zurückkommen.

Mahmud erscheint mir so gebannt von dem Geschehen, so dass wir gar nichts miteinander reden. Wir schauen nur unsicher in die Richtung, in der der Uniformierte verschwunden ist.

Nach wenigen Minuten taucht er tatsächlich mit einem zufriedenen Grinsen in den Mundwinkeln wieder auf, das notwenige Werkzeug unterm Arm. Ich schaue erleichtert zu Mahmud rüber. Der lächelt mir nur entgegen.

„Hiermit könnt ihr das Rad abmontieren. Ich hoffe, ihr seid dazu in der Lage", höre ich eine fast freundliche Stimme. Der ist sichtlich zufrieden mit seinem heutigen Beutezug. Naja, denen geht es vermutlich auch nicht sehr rosig. Nur unregelmäßig werden sie ihren Sold erhalten. Wer weiß. Insgesamt ist unser Land ja derart runtergewirtschaftet und kaputt. Und woher soll etwas Brauchbares kommen, wenn so viel Infrastruktur vernichtet wurde? Unzählige haben keinen oder nur gelegentlich einen Job und kaum ein ausreichendes Einkommen.

Ich schnappe mir das Werkzeug und mache mich an die Arbeit. Mahmud assistiert mir.

Das Rad und der Reifen sind tatsächlich unversehrt und zum Glück ist es auch die gleiche Größe wie bei meinem Wagen.

Unerwartetes Glück im Schlamassel, denke ich.

Ob der mit seiner khakibraunen Uniform das direkt gecheckt hatte, als er den Vorschlag machte? Er schaut uns jedenfalls lässig zu. Irgendwie scheint er sich hier sicher zu fühlen.

Ich beeile mich, da ich möglichst schnell aus diesem Viertel wegwill.

Nach wenigen Minuten habe ich auch die letzte Schraube geschafft. Mahmud strahlt mich lobend an. Jetzt hoffe ich, der Kerl ist geduldig und geht wieder mit uns zurück zu meinem Wagen. Denn ohne sein Werkzeug ist uns auch nicht geholfen.

„Das sieht doch gut aus. Dann wollen wir mal, ich habe ja nicht ewig Zeit", höre ich ihn.

Mahmud nimmt das Werkzeug, ich wuchte das Rad auf meine Schulter und wir gehen mit bewaffnetem Begleitschutz zurück. Das ist mir nun in meinem Leben auch noch nicht passiert.

Unser Begleiter wirkt lockerer. Er geht voraus und schaut unbeschwert um sich. Unser Weg ist ja nicht weit. Als wir uns meinem Taxi nähern, entdecke ich, dass die rechte hintere Tür offensteht. Unser Beschützer bemerkt es auch sofort und murmelt etwas Unverständliches vor sich hin.

Das hätte ich mir ja denken können, dass hier überall irgendwelche auf der Lauer liegen, auch wenn niemand zu sehen ist. Ich checke schnell, ob etwas kaputt ist. Da hatte jemand wohl Hunger und hat sich die Tüte mit dem Brot und dem Käse geschnappt.

Ich will jetzt schnellstmöglich hier weg. Und mache mich an die Montage.

Unser Retter hat sich währenddessen am Wegrand neben den Wagen gestellt, einen Fuß auf einem Betonbrocken und den linken Ellbogen auf dem Knie. Er sieht zunächst ganz entspannt aus, ist aber auf der Hut und hat alles im Blick, das Gewehr anschlagbereit um die rechte Schulter hängend.

Mahmud reicht mir das Werkzeug. Ich beeile mich und lockere die Schrauben an dem vorderen rechten Rad.

In dem Moment lässt uns plötzlich der laut kreischende Motorenlärm einer tief fliegenden Militärmaschine erstarren. Aufgeschreckt schauen wir alle drei nach oben.

Bei mir ist es der Schock aufgrund der erlebten Bombenangriffe der letzten Jahre. Bei Mahmud wohl das völlig unerwartete Auftauchen eines Militärflugzeugs. Aber die Maschine überquert nur den Süden von Damaskus und zieht lärmend weiter.

Was will man hier auch noch zerstören? Hier ist doch eh schon alles kaputt und unbrauchbar.

Ich rüttele mit Gewalt an dem Rad und ziehe es raus. Mahmud nimmt es und stellt es auf die Seite.

„Nun macht schon schneller“, räuspert sich unser Begleiter spürbar ungeduldig. Das Militärflugzeug hat ihn wohl aus der Ruhe gebracht.

Wir müssen fertig sein, ehe seine Laune kippt, schießt es mir durch den Kopf.

„Wir haben es gleich geschafft“, rufe ich ihm zu, nehme das unversehrte Rad und wuchte es auf den Radträger. Es passt genau. Jetzt noch schnell die Radbolzen über Kreuz montieren und wir sind den ungeduldiger werdenden Gesellen los.

Mahmud greift sich schnell den Schraubschlüssel, geht damit zu dem Uniformierten und bedankt sich freundlich für seine Hilfe. Dieser fühlt sich sichtlich gebauchpinselt und macht sich ohne weitere Worte mit schnellen Schritten davon.

Ich atme tief durch und gebe Mahmud zu verstehen, schnell einzusteigen. Als wir im Wagen sitzen, schauen wir uns erleichtert an.

„Ich muss mich bei dir entschuldigen, dass ich dich in eine solche Situation gebracht habe. Das hätte auch anders ausgehen können“, legt mein Fahrgast gleich los.

„Ganz ungefährlich ist das nicht, durch das völlig zerstörte Yarmouk zu fahren“, entgegne ich ihm und füge hinzu: „Es ist ja gut gegangen. Aber jetzt machen wir uns schnell aus dem Staub. Hoffentlich ist die Fahrbahn einigermaßen sauber.“

Ich fahre vorsichtig bis zur großen Kreuzung zur Salah Ed Deen Al Ayyoubi Straße und biege nach links ab. Hier ist die Fahrbahn etwas besser geräumt, so dass wir zügiger vorankommen. Mir sitzt noch ein gewaltiger Schock im Nacken und ich bin froh, wenn wir endlich raus aus diesem Viertel sind.

Wir bleiben auf der großen Straße und erreichen wieder die Palestine Straße, die nach rechts in einem Bogen bis zu der Landstraße in Bab Bila führt. Auch dort sind viele zerstörte und eingefallene Häuser am Straßenrand zu erkennen.

Mahmud sitzt nachdenklich auf dem Beifahrersitz, spürbar mitgenommen von den Bildern und der unerwarteten Begegnung mit dem Soldaten.

Dann klingelt mein Telefon. Es ist die Bauchtänzerin Soad, die ich schon mehrmals zu ihrer Arbeit in das Viertel Bab Tuma in der Altstadt gefahren habe. Sie hat sich seit einiger Zeit nicht mehr gemeldet.

Früher zählte sie zu meiner Stammkundschaft. Aber auch ihre Einkommenssituation ist nicht besser geworden. Ich hatte gehört, dass viele Bars und Lokale eine ganze Zeit mehrere Tage in der Woche geschlossen blieben.

Was mache ich jetzt bloß, überlege ich. Sie ist eine gute Kundin von mir und hat mir öfter aus der Patsche geholfen. Ich weiß ja nicht, wie lange meine Fahrt mit Mahmud noch dauert.

Ich sage ihr, dass ich mich melde. Noch ist ja genügend Zeit, bis sie zu ihrer Arbeit muss.

Ich sehe in einiger Entfernung das vielbesuchte Restaurant, in dem ich öfter mal eine Pause mache. Das Essen und die Preise sind gut. Dem Inhaber Harun ist unsere Lage bewusst und er freut sich über jeden, der sein Lokal aufsucht. Wir kennen uns seit einigen Jahren. Manchmal meldet er sich und vermittelt mir eine Fahrt von einem seiner Gäste. Aber dies wird immer seltener, da sich bei ihm kaum noch Gäste verirren, die sich ein Taxi leisten können.

Wenn Harun guter Laune ist, spendiert er schon mal einen Imbiss. „Hauptsache ich überlebe in dieser schwierigen und schrecklichen Zeit“, scherzt er dann. Wir alle freuen uns mit ihm, dass er seinen Humor trotz allem nicht verloren hat. Wir brauchen solche Menschen, damit wir nicht an unserer Situation verzweifeln. Mein Freund Hasan, der ebenfalls eine Taxierlaubnis hat, verkehrt auch öfter dort. Bei dem Gedanken an ihn kommt mir eine Idee.

Ich schlage Mahmud vor, da vorne in dem Restaurant eine Pause zu machen. Nach dem Erlebnis in Yarmouk würde er sicherlich gerne etwas essen und trinken. Wir könnten auch in Ruhe besprechen, wie lange die Fahrt noch gehen wird und wann er an seinem Ziel sein muss.

Mahmud schaut mich etwas überrascht an, willigt aber sofort ein. Er scheint froh zu sein über eine Abwechslung.

Ich halte direkt vor dem Restaurant. Es parken nur zwei weitere Fahrzeuge auf dem Platz. Harun steht wie üblich hinter der Theke und begrüßt mich überschwänglich, als ich die Eingangstür öffne. Heute sind nur wenige Gäste in dem Lokal. Ich gehe auf den Tisch in der Ecke zu. Mahmud folgt mir und nickt Harun freundlich zu. Mit einem tiefen Seufzer lässt er sich auf den Stuhl fallen. Harun kommt sofort zu uns und empfiehlt den Tages-Imbiss.

Heute gibt es Falafel mit Hummus und das beliebte Damaszener Gericht Fatteh (Teskieh), das in vielen verschiedenen Varianten zubereitet wird, mit Fladenbrot. Dazu erkläre ich Mahmud, dass bei Harun die Speisen immer

sehr gut sind. Im Anschluss könnten wir ja noch einen Tee nehmen. Er nickt zustimmend.

Ich habe den Eindruck, dass ihn unser Trip durch die Trümmer im zerstörten Yarmouk ziemlich geschockt hat. Ich lasse ihn deshalb in Ruhe.

Harun bringt uns zügig das Essen: Falafel, Hummus und Fatteh. Er wünscht stolz shahiat tayiba – Guten Appetit. Mahmud nickt wieder nur. Nach einigen Bissen und zufriedenen Blicken hinsichtlich des Essens bricht er sein Schweigen.

„Wie weit ist es noch bis Dscharamana? Und wieviel Zeit hast du?“, fragt er mich.

Er scheint meine Überlegungen und Gedanken, ihn an einen Kollegen weiterzureichen, zu erahnen. Auf einer Seite ist das ganz gut, denke ich. Dann muss ich nicht irgendeine abwegige Ausrede erfinden und ihn vor den Kopf stoßen, um Soad abzuholen und rechtzeitig zu ihrer Arbeit zu bringen.

Ich hatte wirklich überlegt, was ich ihm vorgaukeln könnte, um ihn hier in dem Restaurant zurückzulassen. Ich hatte mir ausgemalt, dass ich meinen Freund Hasan antreffen würde. Ich hätte ihn dann gebeten, Mahmud den restlichen Weg zu fahren, um den Auftrag von Soad nicht zu verlieren. Außerdem freue ich mich, sie endlich nach einiger Zeit wieder zu sehen. Wie es ihr wohl ergangen ist in den letzten Wochen? Ich bin gespannt, was sie zu erzählen hat und wie sie aussieht. Sie war ja immer eine sehr attraktive und schöne Frau.

Aber nach dieser Tour und dem ungeplanten Erlebnis in Yarmouk hat Mahmud es nicht verdient, von mir an einen anderen abgeschoben zu werden. Und außerdem wird er einen guten Preis für die lange Zeit, in der wir insgesamt unterwegs sind, zahlen. Also stopp, was sollen meine abstrusen Erwägungen, ermahne ich mich selbst. Aber manchmal denke ich eben so. Und dann das Wiedersehen mit Soad ... .

„Wir sind hier in Bab Bila. Bis Dscharamana ist es nicht mehr allzu weit. Wo willst du denn genau hin? Es gibt mehrere Möglichkeiten dorthin zu fahren, je nachdem in welchen Teil ich dich bringen soll“, antworte ich ihm mit unschuldiger Miene.

„Das war eine gute Idee, hier eine Pause einzulegen und das Essen ist wirklich gut“, entgegnet er und isst genüsslich weiter.

„Ich lade dich selbstverständlich dazu ein.“

„Oh, vielen Dank!“, antworte ich mit einem etwas schlechten Gewissen. Ich wollte ihn hier loswerden. Das hat er wirklich nicht verdient, sage ich zu mir.

Ich beginne langsam diesen Augenblick zu genießen. Erinnert er mich doch an friedlichere Zeiten und ein normaleres Leben hier in Damaskus. Da es erst kurz nach 16 Uhr ist, bin ich ganz entspannt und esse in Ruhe weiter. Das wird am Ende trotz des Abenteuers mit der Reifenpanne in Yarmouk alles in allem ein guter Tag.

Wir unterhalten uns während des weiteren Essens über die glimpflich ausgegangene Abenteuerfahrt und das Erlebnis mit dem Soldaten, der uns auch von seiner menschlichen Seite begegnete. Mahmud ist ganz zufrieden mit seinem Vorhaben, sich selbst einen Eindruck verschafft zu haben von der Lage in dem zerstörten früheren Palästinenser-Viertel.

Die Tatsache, dass der Uniformierte dabei uns oder besser ihn ausgenommen hat, erwähnt er mit keinem Wort. Schließlich hat er ihm einiges gezahlt. Vielleicht hat er ja damit gerechnet und es sogar einkalkuliert. Das eigene Erleben war ihm das wohl wert. Es hätte aber auch gefährlicher werden können. Ich bin jedenfalls froh, dass wir es hinter uns haben und hier in Ruhe unsere Pause verbringen können.

Endlich erklärt Mahmud mir, wohin er in Dscharamana muss und dass er dort bei Bekannten für ein oder zwei Tage bleiben will.

Ich überlege kurz und entscheide mich, die große Landstraße zu überqueren und durch Bab Bila zu fahren. Das dürfte der schnellere Weg sein, denn wir kommen direkt ins Zentrum von Dscharamana. Aber ich bin dann auch schnell im Süden von Damaskus, wo ich Soad für ihre Arbeit abholen kann.

Nach dem Essen genießen wir noch in Ruhe unseren Tee und unterhalten uns über alltägliche Dinge. Ich bemerke, dass Mahmud nicht über seine weiteren Pläne reden will, und begnüge mich damit. Bei anderen Touren frage ich meine Gäste meist intensiver aus, wenn wir so wie jetzt Zeit haben. Damit gelingt es mir in den meisten Fällen, dass sie sich öffnen und sich nach einer Fahrt etwas besser fühlen. Das freut mich jedes Mal aufs Neue.

Mahmud gibt Harun ein Zeichen und zahlt die beiden Essen. Ich bedanke mich nochmals und wir brechen auf. Ein Blick auf die Uhr sagt mir, dass alles wunderbar zusammenpasst, wenn nicht etwas Unvorhergesehenes dazwischenkommt. Man weiß ja nie in diesen Zeiten. Harun wünscht uns eine gute Fahrt.

Gesättigt und gut gelaunt steige ich in mein Taxi.

Schnell sind wir an der Landstraße, die nach links Richtung Norden führt. Ich fahre geradeaus nach Bab Bila hinein. Hier können wir beruhigt durchfahren bis zur Autobahn, die vom Flughafen in die Stadt führt. Mahmud ist erstaunlich in sich gekehrt und schweigsam. Als wir die Unterführung der Autobahn passieren, regt er sich.

„Bitte fahre zirka zwei Kilometer geradeaus weiter und lasse mich an der Tankstelle am Ende der Straße aussteigen.“ Und dann fragt er, was ich für die ganze Fahrt bekomme.

„Ich weiß es nicht genau“, antworte ich ihm, denn wir waren jetzt mehr als vier Stunden unterwegs.

„Meinst du 3000 Pfund sind genug?“, fragt er.

Ich zögere etwas.

„Ach, ich gebe dir 3500, das sollte reichen“, fügt er schnell hinzu und kramt in seiner Jackentasche.

„Ja, das ist in Ordnung“, erwidere ich kurz.

Ich wundere mich, warum Mahmud zu der Tankstelle will. Wie es scheint, kennt er sich hier gut aus.

Aber er will wohl nichts weiter darüber erzählen. Also gebe ich mich mit den 3500 Pfund zufrieden, die er mir rüberreicht, und frage nicht nach.

Ich fahre über die große Straße, die Dscharamana durchquert geradeaus weiter. Als wir an der letzten Gabelung ankommen, sagt Mahmud, ich könne ihn hier rauslassen.

Ich wundere mich erneut, denn es sind noch ungefähr 200 Meter bis zu der Tankstelle, sage aber nichts. Er will scheinbar nicht, dass ich genau mitbekomme, wohin er gehen wird.

Als ich anhalte, schaut er freundlich und irgendwie erleichtert zur mir rüber und bedankt sich innig, dass ich ihm dies ermöglicht habe. Schnell öffnet er die Tür. Ich kann ihm nur noch nachrufen, dass ich mich gefreut habe über diese Fahrt.

Und schon verschwindet er in die nächste Seitenstraße. Seltsamer Abschied, denke ich, und wende auf der Straße, um zurückzufahren.

Jetzt habe ich noch Zeit genug, um Soad wie besprochen abzuholen. Ich rufe sie kurz an und sage ihr, dass ich in ungefähr 30 Minuten bei ihr bin.

Ich komme relativ gut durch den Verkehr und warte vor dem Haus, in dem sie wohnt. Dann kommt sie im bunten und wallenden Gewand mit einer leichten Jacke darüber und winkt mir lachend zu. Ehe ich mich umsehe, reißt sie mit Schwung die Tür auf und sagt mit einem strahlenden Gesicht: „Toll, dass wir uns endlich mal wiedersehen."

Sie hat von ihrem mitreißenden Temperament nichts eingebüßt. Ich freue mich mit ihr, dass sie sich von den schwierigen Lebensverhältnissen nicht unterkriegen lässt.

„Wie immer zu meiner Bar im Viertel Bab Tuma, du kennst ja den Weg und wir haben noch genügend Zeit", höre ich sie, kaum dass die Beifahrertür eingeklinkt ist.

„Wie geht es dir? Ich hoffe, dein Geschäft läuft einigermaßen und du kannst davon leben?" fragt sie neugierig.

Das ist Soad. Gleich in die Vollen gehen. So kenne ich sie und freue mich über ihre gewohnte Unbefangenheit.

Ich erzähle ihr, dass ich heute eine gute Tour hatte und ich mich freue, sie jetzt in meinem Wagen zu haben. Ausgelassen erzählt sie, dass sie sich in der letzten Zeit auch etwas einschränken musste. Alle müssten schließlich kürzertreten und teilweise sei das Lokal auch nur wenige Tage in der Woche geöffnet gewesen. Aber insgesamt sei sie zufrieden und es ginge ihr gut.

Schön, so viel Ungezwungenheit und Leichtigkeit zu erleben, geht es mir durch den Kopf.

Welche krassen Unterschiede ich heute an einem Tag serviert bekomme. Unsere Fahrt vergeht wie im Flug, während Soad munter von der ein oder anderen Begegnung mit interessanten Menschen erzählt. Sie ist einfach eine erfrischende und reizende Person. Schließlich fragt sie mich, ob ich etwas Zeit hätte, sie würde mich gerne einladen auf einen Drink, bevor der Betrieb richtig losgehe.

Noch eine Einladung heute, was für ein ungewöhnlicher Tag!

Mir fällt ein, dass es für meine Familie zuhause nicht mehr viel zu essen gibt. Ich hatte in den vergangenen Tagen nur wenig Einnahmen, die gerade für das Notwendigste reichten.

„Vielen Dank, das ist nett. Ich muss für meine Familie noch einiges besorgen. Vielleicht ein anderes Mal“, entgegne ich ihr.

„Ach schade“, erwidert sie. „Ich hätte mich gerne noch länger mit dir unterhalten. Ich habe das in letzter Zeit sehr vermisst.“

Wir biegen in das Viertel Bab Tuma ein.

„Was bin ich dir schuldig?“, fragt sie und hält mir gleich 500 Pfund hin.

„Vielen Dank, das ist in Ordnung“, sage ich. „Soll ich dich irgendwann wieder abholen?“

„Das ist nicht nötig. Ich habe noch eine Verabredung“, lächelt sie verschmitzt zu mir rüber.

Das Geschäft läuft bei ihr, denke ich nur.

„Hat mich gefreut, dich wieder zu sehen. Pass auf dich auf!“ Überschwänglich springt Soad aus dem Wagen. „Ich melde mich bei dir. Bis bald!“ ruft sie mir noch winkend zu.

Ich bleibe eine Weile regungslos sitzen und versuche, die vielen Bilder und Eindrücke dieses Tages zu sortieren. Eigentlich hätte ich die Einladung annehmen können auf einen Drink, sinniere ich. Ich hätte Soad schon gerne einmal wiedergesehen als Bauchtänzerin in ihrem Element.

Aber es ist vielleicht besser so und ich bin heute mal früher bei meiner Familie. Das kommt ja nicht sehr häufig vor. Ich will sie überraschen.

Ich fahre los zu dem Lebensmittelmarkt, der auf meinem Weg nachhause liegt. Dort will ich etwas für den heutigen Abend besorgen. Schließlich habe ich eine nicht ungefährliche Begegnung mit einem Wegelagerer in den Trümmern von Yarmouk überlebt, der sich aber auch von seiner menschlichen Seite zeigte. Vielleicht war es ja auch nur Glück!

Ich bin sehr gespannt, was meine Frau dazu sagen wird. Im Lebensmittelmarkt will ich uns ein richtig schönes Abendessen einkaufen.

Überraschende Einladung

Heute an einem Freitagmorgen bin ich ausgeruht und zufrieden aufgewacht. Ich habe einige Tage mit gut bezahlten Fahrten hinter mir. Das Geschäft in dieser Woche lief so gut wie lange nicht mehr. Ich sagte meiner Frau am Abend, dass wir endlich wieder etwas Geld auf die Seite legen können für alle Fälle.

Ein solches Gefühl hatte ich das letzte Mal vor einer geschätzten Ewigkeit. Ich kann mich fast gar nicht mehr daran erinnern. Fröhlich verabschiede ich mich von meiner Familie. Mal sehen, was der heutige Tag so bringen wird.

Kaum bin ich losgefahren, erhalte ich einen Anruf von jemandem, den ich am Nachmittag abholen soll. Er weist gleich darauf hin, dass er einige Sachen und Kartons zu transportieren habe. Er müsse zu einer Familienfeier. Er fragt auch, ob dies in Ordnung gehe. Ich nehme den Auftrag natürlich gerne an.

Am frühen Nachmittag, ich hatte sogar noch zwei kleinere Touren vorher, fahre ich gespannt in den Südwesten von Damaskus. Der Kunde steht mit einem Haufen von Tüten, Kartons und sonstigen Dingen vor seinem Haus und winkt mir begeistert zu. Ich halte direkt vor ihm am Straßenrand und steige beschwingt aus.

Mein Fahrgast kommt freudig mit „Marhabaan“ (Hallo) auf mich zu. Ich schaue entsetzt auf den riesigen Berg an Gepäck und frage mich, wo er das alles hinbringen will.

Als ich den Kofferraum öffne, erzählt er mir stolz, dass heute eine Nichte von ihm heirate und fast die ganze Familie zusammenkomme.

Schnell räumen wir alles in den Wagen. Auch die Rückbank und der Fußraum sind voll bepackt. Der scheint die ganze Hochzeitsgesellschaft versorgen zu wollen, denke ich.

Wir fahren los in Richtung Nordosten von Damaskus. Mein Fahrgast plaudert in bester Laune über die Familie und das frischgebackene Ehepaar. Es ist so wohltuend, einem Fahrgast beim Erzählen über ein schönes Ereignis zuhören zu können. Seine fröhliche Stimmung ist ansteckend.

Die Fahrt vergeht wie im Flug und ich kenne zahlreiche Begebenheiten und Geschichten aus der Familie, auch seinen Namen Husan. Er erklärt mir dann, dass seine Familie nicht sehr wohlhabend sei und die Zeiten ja schwierig genug. Alle hätten einen Beitrag zu diesem Festtag leisten müssen. Aber das sei selbstverständlich und alle hätten sich gerne beteiligt.

Als wir in die Straße, in die Husan will, einbiegen, sehe ich am Ende eine Gruppe von Männern bei ihrem Tanz. „Dort müssen wir hin!“, sagt er.

„Können wir bis vor das Haus fahren?“, frage ich ihn. „Selbstverständlich!“, nickt er.

Langsam fahre ich weiter durch die schmale Straße. Es ist ein normales Wohngebiet mit einfachen Häusern. Im Erdgeschoss gibt es hier und da kleine Läden für alltägliche Dinge.

Durch die Häuserschlucht schallt uns die Musik der tanzenden Gruppe entgegen. Als wir näherkommen, bilden die Tänzer gleich eine Gasse und gleiten um den Wagen herum. Ich genieße diesen Anblick von fröhlichen, ausgelassenen, singenden Menschen, nur diesen Tag und das Fest vor Augen.

Kaum kommt der Wagen zum Stehen, wird mein Gast mit lauten Begeisterungsrufen begrüßt. Er wurde bereits sehnlichst erwartet. Einige reißen Türen und Kofferraum auf und fangen an die Sachen ins Haus zu bringen.

Husan steigt aus und winkt mich zu sich. Er sagt: „Du bist natürlich eingeladen zu unserer Feier und zum Essen. Ich hoffe, du kannst dir die Zeit nehmen. Es würde uns sehr freuen.“

Ich bin total überrascht und weiß gar nicht, was ich sagen soll. Aber da meine Woche so gut gelaufen ist, nehme ich die unerwartete Einladung gerne an.

Schon lange war ich nicht mehr auf einem solchen Fest. Und ich weiß, dass es bei einer Hochzeitsfeier immer zünftig zugeht und alles, was irgendwie machbar ist, aufgeboten wird, auch wenn sehr viele Familien gegenwärtig äußerst sparsam leben müssen.

In Windeseile ist der Wagen dank der vielen helfenden Hände leergeräumt und die Sachen ins Haus gebracht. Der Hausherr kommt vor die Tür und begrüßt mich mit einem „Willkommen“. Er erklärt mir, dass ich den Wagen gleich um die Ecke auf dem kleinen Platz abstellen könne. Ich fahre dorthin und schlendere fröhlich zurück.

Husan wartet vor der Tür auf mich. Er führt mich ins Haus hinein, das einen recht geräumigen Eindruck macht. Wie so oft kann man das von außen nicht erkennen. In einem größeren, langgestreckten Innenhof sitzen die wichtigsten Köpfe der Familie bei der nachmittäglichen Plauderstunde mit Tee. Ohne Zögern werde ich in die Gesellschaft aufgenommen. Alle begrüßen mich mit einem Lachen im Gesicht. Ich freue mich auf diesen Nachmittag und Abend. Husan stellt mich kurz vor und bittet mich in der Runde Platz zu nehmen. Die anderen männlichen Gäste tanzen und singen vor dem Haus auf der Straße fröhlich weiter. Die Musik und der Gesang tönen laut in den Hof hinein. Die Teerunde folgt wiegend dem Takt der bekannten Lieder. Aus den hinteren Räumen des Gebäudes kann ich ebenfalls Musik sowie die laute Unterhaltung der Frauen hören.

Es herrscht im ganzen Haus und auf der Straße davor eine ausgelassene und friedliche Stimmung. Ich genieße es.

Als ich genauer in die Runde schaue, entdecke ich einige bekannte Gesichter. Sie sind einmal mit mir in meinem Taxi gefahren. Zwei, die in der Mitte sitzen, rücken etwas zur Seite und winken mich zu sich. Die anderen nicken wie im Chor, ich solle dort Platz nehmen.

Sofort wird mir ein Tee gereicht. Die beiden stellen sich vor und erzählen, dass sie einige Male mit mir gefahren seien. Ich sage ihnen, dass ich mich gut an sie erinnern kann.

Nach einiger Zeit kündigt der Hausherr an, dass das Hochzeitspaar erwartet werde. Die Gespräche werden noch lauter und hektischer. Wir können die Lawine von begeisterten Begrüßungsrufen von der Straße hören.

Unter lauten Rufen wird der Bräutigam hereingeführt. Glücklich und stolz schaut er in die Runde. Alle sind aufgestanden und von draußen drängen so viele wie möglich in den Innenhof.

Ein hektisches Schieben und wildes Durcheinanderrufen setzen ein. Wie lange habe ich solche Begegnungen nicht mehr erlebt? Die Braut bekommen wir allerdings nicht zu sehen. Sie ist auf einem anderen Weg ins Haus geschleust worden, wie ich an den begeisterten Rufen der Frauen aus dem hinteren Teil hören kann.

Der Hausherr ergreift das Wort. Er hat echt Mühe, sich in dem lauten Treiben Gehör zu verschaffen. Mitten in dem Gedränge beginnt eine traditionelle Prozession der Gäste in Richtung Bräutigam, der inzwischen stolz in einer Ecke des Innenhofes auf einem Sessel thront. Neben Gratulationen werden Geschenke in Geldscheinen überreicht. Je höher die Summe ausfällt, desto überschwänglicher fallen die Wünsche und Lobpreisungen des Onkels des Bräutigams an den Spender aus. Der Bruder des Hausherrn hat die Regie der Zeremonie übernommen. Er führt auch eine Tradition fort, alles genau festzuhalten. Der neben ihm Sitzende schreibt die jeweiligen Summen mit Namen auf. Die Liste soll später dem Bräutigam überreicht werden.

Alle Gäste wollen sich mit dem Bräutigam und seinem Vater persönlich austauschen und ständig strömen weitere von draußen in den Innenhof herein. Wenn er dies alles überstanden hat, wird er zu seiner Braut ins Hinterhaus geführt. Aber das kann noch dauern.

Über allem schwebt ein verführerischer Duft des Hochzeitessens, das in den hinteren Räumen des Hauses zubereitet wird. Dazwischen werden immer wieder Getränke gereicht. Alle aus der Menge bewegen sich singend und wogend zur Musik durch den Innenhof.

Mein Fahrgast Husan hat sich wieder zu mir gesellt und erzählt freudig, dass bald mit den Speisen gestartet werde. Der wunderbare Essensduft mache einen ja auch richtig hungrig. Ich entgegne ihm, dass ich mich sehr darauf freue, und bedanke mich nochmals für die Einladung. Draußen werden Musik und Gesang noch lauter. Eine Reihe tanzender Männer zieht mit schallenden Rufen durch den Innenhof. Alle winken den Tanzenden zu, singen und klatschen kräftig mit. Die Stimmung ist auf dem Höhepunkt.

Ich ertappe mich dabei, wie ich kräftig mitsinge. Das habe ich außerhalb meines Taxis auch lange nicht mehr getan. Wiegende Schritte begleiten die mit den Händen verbundenen Tanzenden. Nach einer Runde durch den Innenhof wird die nicht enden wollende Reihe wieder auf die Straße geführt. Ich habe das Gefühl, dass alle einmal hier durchkommen wollen. Dem Bräutigam wird viel Geduld abverlangt.

Als das Essen serviert wird, stehe ich mit Husan und den beiden früheren Fahrgästen zusammen. Wir unterhalten uns lebhaft über alle möglichen Dinge. Es wird gescherzt und gelacht, im Hintergrund die Musikklänge von der Straße Es herrscht eine so schöne und entspannte Atmosphäre, die mich mit etwas Wehmut an längst zurückliegende Jahre denken lässt. Unmengen an köstlichen Gerichten mit Lamm, Rind oder Huhn, mit raffinierten Gemüsebeilagen verfeinert mit den obligatorischen Mandeln werden aus der Küche gebracht. Dazu eine Auswahl aus gefüllten Teigtaschen in allen Varianten. Und selbstverständlich Fladenbrot. Ein betörender Duft nach Gebratenem, Gewürzen, Kräutern, Zwiebeln und Knoblauch breitet sich aus.

Nach einer Weile nimmt Husan mich zur Seite und erklärt mir, er habe ja die Fahrt noch nicht gezahlt. Was ich denn bekomme. Oh, das hatte ich in dem Trubel fast vergessen. Ich gebe ihm zu verstehen, dass das in Ordnung sei, und bedanke mich für den schönen Nachmittag und das wunderbare Essen. Er wehrt sich zunächst heftig. Ich gebe jedoch nicht nach. Nach einigem Hin und Her ist er einverstanden und willigt ein. Wir gesellen uns wieder zu den anderen. Weitere Platten mit Köstlichkeiten machen die Runde. Ich lange ordentlich zu.

Einen solchen Tag und ein so ausgiebiges und hervorragendes Essen habe ich lange nicht mehr erlebt. Die ganze Woche war für mich einfach wunderbar, fast wie ein Traum aus einem anderen Leben. Das gibt mir neue Kraft und Ausdauer in diesen unsicheren Zeiten.

Beim Rückweg zu meinem Wagen beschließe ich, am Wochenende mit meiner Familie einen Ausflug mit Picknick an einem ruhigen Ort außerhalb von Damaskus zu machen. Es ist viele zu lange her, als wir dies das letzte Mal unternommen haben. Mein Sohn wird begeistert sein von der Idee. Gesättigt und zufrieden steige in an diesem Abend in mein Taxi und fahre nach Hause.

Mein Land in Trümmern

Bis hierher habe ich Ihnen nun einige Begebenheiten und Geschichten von meinen Fahrten durch Damaskus und meinen Fahrgästen erzählt und mit Ihnen geteilt. Darunter gab es viele verschiedene Erlebnisse, schöne, traurige, Schicksale, Verluste, Schwierigkeiten und alltägliche Dinge aus dem Leben der Menschen.

Neulich wurde mir bei einer der üblichen Touren eindringlich bewusst, was und wieviel diesem einst so wunderbaren und auch stolzen Land verloren gegangen ist in den zurückliegenden Jahren.

Ich werde auf meinen Fahrten ja immer wieder damit konfrontiert. Den vielen Veränderungen, meist sind es keine guten, begegne ich täglich. Ich bekomme sie so gut wie jeden Tag zusehen. Es lässt mich oftmals nicht zur Ruhe kommen und ich denke viel darüber nach, was diese Stadt und das Leben in ihr einmal war.

Deshalb möchte ich Ihnen am Ende unserer gemeinsamen Fahrten auch etwas darüber erzählen, wo wir Syrer und unser Land hergekommen sind. Ich muss so oft daran denken und mich in zurückliegende Zeiten versetzen.

Manchmal macht mich das ganz verrückt.

Syrien und Damaskus gehören zu den Regionen auf der Erde, die am wohl längsten besiedelt sind. In der frühen Steinzeit kamen die ersten Menschen in die Gegend um Damaskus. Es gab dort eine größere Oase, die die Menschen in der sonst trockenen Landschaft anlockte.

Bereits um das Jahr 1500 v. Chr. wurde Damaskus als ein Stadtstaat erwähnt. Das Königreich Aram-Damaskus folgte im 13. Jahrhundert v. Chr. Viele der Ereignisse, die im Alten Testament geschildert werden, spielten sich im Großraum um Damaskus ab.

Bis zur römischen Zeit folgten turbulente und wechselvolle Jahrhunderte mit vielen verschiedenen Herrschern, von den Persern über die Griechen unter Alexander dem Großen, Phönizier und Nabatäer. Wie in vielen anderen Ländern errichteten die Römer während ihrer Herrschaft zahlreiche Bauwerke, so auch eine erste Straße von Damaskus bis hin zum Roten Meer.

Im Zentrum der Stadt erinnern bis heute einige Gebäude und Überreste an die langwährende römische Zeit, wie zum Beispiel der Jupitertempel in der Altstadt direkt neben der viele Jahre später von den

Arabern errichteten Umayyaden-Moschee oder das römische Osttor Bab Sharqi, an dem einer meiner Fahrgäste mir erzählte, dass er bei einer Veranstaltung ein nicht ganz ungefährliches Erlebnis hatte. Ich fahre ja öfter an diesen Orten vorbei und habe darüber berichtet.

Im 7. Jahrhundert n. Chr. eroberten die Araber Syrien von den Römern. Damaskus wurde Hauptstadt des Umayyaden Reiches. Im 16. Jahrhundert fiel Syrien dann an die Osmanen. Damaskus wurde zum Ausgangspunkt jährlicher Wallfahrten zu den Pilgerstätten in Mekka. Damit verbunden war eine Zeit wirtschaftlicher Blüte. Die Stadt zog immer mehr Menschen an und wurde weiter ausgebaut.

Ende des 19. Jahrhunderts entwickelte sich Damaskus zu einem Zentrum der ostarabischen Nationalbewegung. Mit dem Ende des Osmanischen Reiches im Ersten Weltkrieg endete auch die Herrschaft über Syrien. Im Herbst 1918 marschierten arabisch-britische Truppen in Damaskus ein. Unser Land Syrien und der Libanon wurden vom Völkerbund unter französisches Mandat gestellt. Im Jahr 1946 wurde Damaskus dann die Hauptstadt des unabhängigen Staates Syrien.

Im Sommer 2000 begann der sogenannte Damaszener Frühling mit dem Ruf nach Umbau und demokratischen Reformen. Er mündete in Protesten der Bevölkerung, die zu gewaltsamen Zusammenstößen mit der Armee führten.

Seit 2011 leben wir im Schatten der bewaffneten Auseinandersetzungen mit dem Regime, deren Folgen viele meiner Geschichten prägen, die ich in diesem Buch schildere. Unser ganzes Leben ist davon gekennzeichnet. Viele leiden unendlich darunter und haben herbe Verluste erlebt.

Die Fahrgäste erzählen mir sehr viel darüber und wir spüren täglich die schlimmen Auswirkungen, sei es zum Beispiel die Knappheit bei Benzin oder Brot oder die enorm gestiegenen Preise für alle Lebensmittel. Oft reicht der Verdienst von zwei Tagen gerade einmal für eine karge Mahlzeit. Und viele müssen mit noch weniger auskommen.

Man kann sich auch nur schwer vorstellen, wie ein normaler Alltag unter den Umständen abläuft, wenn in vielen Stadtteilen und Regionen des Landes jeweils andere Milizen das Sagen haben. Und oft genug sind wir deren Willkür ausgesetzt.

Wie überall auf dem Globus kam in den zurückliegenden Monaten die pandemische Invasion hinzu. Als hätten wir nicht schon genug. Sie hat auch vor uns in Syrien nicht haltgemacht. Immer häufiger sehe ich seit einiger Zeit nun Menschen mit Masken auf der Straße. Auch ich habe einige in meinem Auto deponiert für alle Fälle. Zu der bedrohlichen und schwierigen Situation seit dem Kriegsbeginn sind nun auch noch die gesundheitlichen Risiken und Gefahren hinzugekommen. Und keiner hat eine Ahnung, wie das weitergehen soll.

Die Situation wird für uns alle in diesem Land damit noch schwieriger. Es werden noch mehr Hunger leiden. Die vielen Jahre des Krieges haben die gesellschaftlichen Strukturen geschwächt oder vollkommen zerstört, ganz besonders im Gesundheitswesen. Viele Krankenhäuser wurden verwüstet und können nicht mehr genutzt werden. Ich habe ja von dem traurigen Schicksal meines alten Schulfreundes und Arztes Samir erzählt.

Diejenigen, die in den verbliebenen Krankenhäusern arbeiten, berichten seit langer Zeit, dass sie immer mehr improvisieren müssen. Es fehlt an allem, was für eine ordentliche Versorgung der Patienten notwendig ist. Die Ärzte und das Pflegepersonal geben ihr Bestes. In vielen Fällen können sie nur das Nötigste leisten. Dieser Zustand rüttelt an ihren Kräften und viele beklagen sich, dass diese Art Notversorgung nur schwer zu ertragen ist. Ein großer Teil von ihnen arbeitet am äußersten Limit.

Wo diese Verhältnisse uns mit der hinzugekommenen Pandemie noch hinführen werden, will ich mir gar nicht erst vorstellen. Was ist aus dieser einst so stolzen, schönen Stadt und Metropole mit ihrer weit zurückreichenden Geschichte geworden?

Was ist aus unserem Land geworden?

Wo sind wir gelandet?

Ich frage mich dies immer wieder auf meinen Fahrten und in den zahlreichen Gesprächen und Unterhaltungen mit meinen Fahrgästen.

Und das Schlimmste daran ist, dass wir alle keine Antworten auf diese Fragen haben.

Ich hoffe, ich konnte Ihnen mit den Erzählungen in diesem Buch ein etwas genaueres Bild von den Lebensverhältnissen in unserem Land verschaffen.

Ich werde meinen Beruf als Taxifahrer nicht aufgeben, solange ich einigermaßen damit über die Runden kommen kann. Ich werde auch den Menschen in meinem Wagen weiterhin zuhören. Es bereichert mich sehr in meinen manchmal tristen Arbeitsalltag. Dabei trägt mich die Hoffnung, dass diese entsetzlichen Zeiten irgendwann ein Ende haben werden und wir wieder nach Krieg und Pandemie ein normales Leben in diesem Land und in dieser Stadt aufbauen können.

Die Menschen in Syrien, die Fahrgäste in meinem Wagen und ich, wir wünschen uns nichts sehnlicher. Vielleicht kann ich Ihnen dann irgendwann einmal auch von besseren Zeiten und anderen Geschichten erzählen. Wir werden sehen!

،،،أمل في،،،

Hoffnung auf ...

يضيء اللهب بعمق في داخلي
ويكافح من أجل البقاء
علينا أن نتحمل الظروف
التي تهدد بالقضاء عليهم
والظلام من حولنا
بالكاد يسطع فينا الضوء

والشوق لحياة الطبيعية
يأكل طريقه عبر الجسم
نتعرض للضرب والجوع
ونتعثر خلال الأيام
حال اليأس هو كل شيء
نتحدى كي لا نفقد انفسنا

سرقت القذائف والانفجارات كل شيء منا
لم تكن حياتنا ذات يوم هكذا
همس الأوراق وغناء العصافير
فقط في الذاكرة
عندما نغرق في الجوع والعطش والخوف، هذا كل شيء
وحيث لا يزال من الممكن العثور على العزاء

خجول ومتفرق مثل وميض الضوء ،
ونحن نحاول التشبث بالوهج الخفيف
شاحبتن الوجوه ، نترقب الأمل
تنفث أجسادنا البؤس في العبير ،
نظرتنا إلى المستقبل
تتغذى على وميض اللهب الخفيف

Hoffnung auf ...

‚‚‚‚أمل في‚‚‚

Tief im Innern glimmt eine Flamme
nur mit Mühe am Leben erhalten.
Wir müssen die Umstände ertragen,
die sie auszulöschen drohen.
Dunkelheit um uns herum.
Kaum ein Hauch von Helligkeit.

Sehnsucht nach normalem Leben
frisst sich durch die Körper.
Geschunden und ausgehungert
stolpern wir durch den Tag.
Von Verzweiflung beherrscht jegliches Tun
vereint mit der Gefahr sich selbst zu verlieren.

Bomben und Explosionen haben alles geraubt,
was einmal unser Leben war.
Blättergeflüster und Vogelgesang
nur zu erahnen in der Erinnerung.
Wenn Hunger, Durst und Angst alles übertönt,
wo lässt sich noch Trost finden.

So scheu und spärlich das Licht auch flackert,
wir klammern uns an den fahlen Schein.
Bleichgesichtig und bleiern lauern wir nach Hoffnung,
unsere Körper speien das Elend in die Luft,
unsere Blicke nach Verheißung
zehren vom dumpfen Flammenschimmer.

Die Autoren

Aeham Ahmad, palästinensisch-syrischer Flüchtling aus Yarmouk, einem Vorort von Damaskus, lebt mit seiner Familie in Deutschland. Früh förderte sein blinder Vater sein musikalisches Talent. Mit vier Jahren begann Aeham Keyboard zu spielen, mit sieben erhielt er Klavierunterricht im renommierten Arabischen Institut in Damaskus. Später studierte er Musikpädagogik in Homs. Mit seinen zahlreichen Konzerten begeistert er die Zuschauer durch die Intensität seiner Lieder und Virtuosität seines Klavierspiels. Neben Stücken von Beethoven und Mozart trägt er eigene Kompositionen, fröhliche und traurige Lieder gegen Krieg, Hunger, Gewalt und Ausgrenzung vor.
Aeham Ahmad erhielt im Dezember 2015 den Internationalen Beethovenpreis für Menschenrechte der Beethoven-Akademie, Bonn.
Nach seinem erfolgreichen Buch „Und die Vögel werden singen – Ich der Pianist aus den Trümmern“, das in mehrere Sprachen übersetzt wurde, erscheint mit „Taxi Damaskus“ das zweite Buch.

www.aeham-ahmad.com

Andreas Lukas, aufgewachsen im Saarland, lebt in Wiesbaden. Studium in BWL und Promotion in Politikwissenschaft. In der Verlags- und Medienlandschaft wirkte er u. a. als Chefredakteur, Verlagsleiter, Herausgeber und Autor zu Führungs- und Personalthemen.
Er schrieb das vielbeachtete Buch „Abschied von der Top-Down-Kultur - Verantwortungsbewusst führen, besser miteinander umgehen".
Heute ist er als Autor und freier Journalist tätig. Sein zweiter Roman „Die ungleichen Gleichen", Begegnung zweier junger Menschen, sie auf dem Lande aufgewachsen, er Flüchtling, führte ihn mit dem Musiker aus Damaskus zusammen.
Andreas Lukas erreichte bei den Planet Awards 2019 Platz 4 bei "Künstler des Jahres" und Platz 5 bei „Autor des Jahres". Zum Berliner Literaturpreis „Wortrandale 2019" war er für den Radio-Sonderpreis nominiert.

www.andreas-lukas.eu

Impressionen aus der Altstadt von Damaskus

1. Auflage 2021
Wolfbach Verlag, Basel, Zürich, Roßdorf,
eine Marke der Sentovision GmbH
www.wolfbach-verlag.ch

Umschlaggestaltung: Svetlana Schuster,
www.facebook.com/svetlanas.kunstwelt
Herstellung: FontFront.com
Vertrieb durch Synergia Auslieferung
www.synergia-auslieferung.de
Printed in EU

ISBN 978-3-906929-48-4